Thomas Eberhardt-Köster/Wolfgang Pohl/Mike Nagler u.a.
Wohnen ist ein Menschenrecht

W0174196

*Thomas Eberhardt-Köster* ist Betriebswirt und Politikwissenschaftler. Er arbeitet in der Verwaltung einer deutschen Großstadt und ist Mitglied im Koordinierungskreis von Attac.

*Dr. Werner Heinz,* bis 2009 Leiter der Kölner Abteilung des Deutschen Instituts für Urbanistik (Difu), Autor und Moderator.

*Dr. Andrej Holm* ist Sozialwissenschaftler mit den Forschungsschwerpunkten Gentrifizierung, Wohnungspolitik im internationalen Vergleich und Europäische Stadtpolitik.

*Mike Nagler* ist Diplom-Ingenieur für Architektur und Bauingenieurwesen, lebt in Leipzig und forscht zu öffentlichem Eigentum und Rekommunalisierungen.

*Wolfgang Pohl* ist Referent für politische Bildung im Bereich Kommunalpolitik bei der Heinrich-Böll-Stiftung.

*Sofrony Riedmann* ist Geograph und promoviert am Institut für Humangeographie der Goethe-Universität in Frankfurt. Er untersucht dabei, welche politischen Auswirkungen neue, privatwirtschaftliche Formen des Rechnungswesens in Kommunen haben.

AttacBasisTexte 52

# Thomas Eberhardt-Köster/ Wolfgang Pohl/Mike Nagler u.a.

## Wohnen ist ein Menschenrecht

**Fortschrittliche Wohnungspolitik und was Kommunen dazu beitragen können**

VSA: Verlag Hamburg

**www.attac.de**

Eine Linksammlung mit weiterführenden Informationen
zum Thema: **www.attac.de/wohnen**

**www.vsa-verlag.de**

© VSA: Verlag 2018, St. Georgs Kirchhof 6, 20099 Hamburg
Titelbild: Mietshäuser am Ackermannbogen in München
(Johannes Simon/dpa)
Alle Rechte vorbehalten
Druck- und Buchbindearbeiten: Beltz Grafische Betriebe GmbH,
Bad Langensalza
ISBN 978-3-89965-820-0

# Inhalt

# Einleitung

Fehlende Wohnungen, zunehmende Wohnungslosigkeit, steigende Immobilienpreise und Mieten: Das grundlegende menschliche Recht nach einer angemessenen Wohnung wird in Deutschland zunehmend infrage gestellt. Entsprechend vielfältig sind die Aktivitäten, mit denen sich vor allem in den Ballungsräumen die Betroffenen dagegen wehren. Sie engagieren sich in Stadtteilinitiativen, organisieren Veranstaltungen und Demonstrationen und greifen auch wieder zum Mittel der Hausbesetzung. Auch im parlamentarischen Raum bewegt sich einiges. Die Debatten um eine Weiterentwicklung der Mietpreisbremse, um eine radikale Wende im Bodenrecht, um die Reform der Grundsteuer und die kommunalen Festlegungen zu preisgedämpften Mietwohnungen zeigen, dass eine aktivere Wohnungspolitik nötig und auch möglich ist.

Mit diesem Basistext wollen wir nicht nur Hintergrundinformationen zum Thema Wohnen zur Verfügung stellen, sondern auch aufzeigen, welche positiven Beispiele es für eine alternative Wohnungspolitik gibt und vor allem wie zivilgesellschaftliche Akteure aktiv werden können. Ohne ihren Druck auf Entscheidungsträger*innen wird es keine andere Wohnungspolitik geben, die sich an den Bedürfnissen der Menschen und nicht an der Gewinnerwartung der Immobilienkonzerne und Investmentgesellschaften orientiert.

An diesem Basistext haben verschiedene Autoren mitgewirkt. Die Gesamtredaktion lag in den Händen von Thomas Eberhardt-Köster, Wolfgang Pohl und Mike Nagler. Von Werner Heinz stammen die Abschnitte »Historische Entwicklung der Wohnungsbauförderung« und »Wohnen als Infrastruktur«. Andrej Holm hat den Abschnitt »Neue Wohnungsgemeinnützigkeit« geschrieben und Sofrony Riedmann den Abschnitt »Was treibt den Immobilien-Boom?«.

# 1. Zielvorstellung: Verwirklichung des Menschenrechts auf Wohnen

## Recht auf Wohnen und die Rückkehr der Wohnungsfrage

Im Artikel 25 der Allgemeinen Erklärung der Menschenrechte ist es klar und deutlich formuliert: Jede und jeder hat ein Recht auf Wohnen. Während die Weimarer Verfassung das Recht auf eine »gesunde Wohnung« festgeschrieben hat, ist im Grundgesetz das Recht auf Wohnen nicht verankert, dafür aber inzwischen in sieben Landesverfassungen (Lompscher 2017: 244). In Berlin existiert seit dem 1.1.2016 sogar ein Wohnraumversorgungsgesetz. Es wurde als indirekte Folge des Mietenvolksbegehrens im Jahr 2015 verabschiedet und setzt zwar nicht das Recht auf eine Wohnung für alle durch, verspricht aber immerhin Verbesserungen für einkommensschwache Mieter*innen.

Obwohl Wohnen ein wichtiges Grundbedürfnis ist und als Menschenrecht anerkannt wird, kann es nicht als individuelles Recht eingeklagt werden. Deutschland, eines der reichsten Länder dieser Erde, ist heute weiter von der Verwirklichung des Rechts auf Wohnen entfernt als noch vor Anfang dieses

---

**Allgemeine Erklärung der Menschenrechte Artikel 25**
(1) Jeder hat das Recht auf einen Lebensstandard, der seine und seiner Familie Gesundheit und Wohl gewährleistet, einschließlich Nahrung, Kleidung, Wohnung, ärztliche Versorgung und notwendige soziale Leistungen, sowie das Recht auf Sicherheit im Falle von Arbeitslosigkeit, Krankheit, Invalidität oder Verwitwung, im Alter sowie bei anderweitigem Verlust seiner Unterhaltsmittel durch unverschuldete Umstände.

**Weimarer Verfassung Artikel 155**
Die Verteilung und Nutzung des Bodens wird von Staats wegen in einer Weise überwacht, die Mißbrauch verhütet und dem Ziele zustrebt, jedem Deutschen eine gesunde Wohnung und allen deutschen Familien, besonders den kinderreichen, eine ihren Bedürfnissen entsprechende Wohn- und Wirtschaftsheimstätte zu sichern.

---

Jahrtausends. Nach Angaben der Bundesarbeitsgemeinschaft Wohnungslosenhilfe (BAG W) waren 2016 ca. 860.000 Menschen in Deutschland ohne Wohnung. 2008 lag die Zahl bei wenig über 200.000 und für 2018 geht die BAG W von 1,2 Mio. Wohnungslosen aus. (BAG W 2017)

Warum gibt es in einer so reichen Gesellschaft wie der deutschen einen Anstieg der Wohnungslosigkeit und woran liegt es, dass die Zahl derjenigen zunimmt, die sich keine angemessene Wohnung leisten können?

Der Staat kann auf Bundes- und Landesebene auf vielfältige Art in den Wohnungsmarkt eingreifen. Er könnte erstens Regelungen für den Mietwohnungsmarkt erlassen, beispielsweise zur Beeinflussung der Miethöhe oder in Bezug auf den Kündigungsschutz. Zweitens kann er über Subventionen und Steuervergünstigungen Wohnungsbau fördern und drittens über die Gewährung von Wohngeld Menschen mit geringem Einkommen bei der Finanzierung ihrer Miete unterstützen. Daneben können die Kommunen im Rahmen ihrer Bodenpolitik oder mithilfe der Bauleitplanung den Wohnungsmarkt beeinflussen. Trotzdem gelten in der Bundesrepublik Eingriffe in den Wohnungsmarkt meist nur als Notbehelf. Im Wesentlichen soll der Markt selbst die Nachfrage nach Wohnungen befriedigen und staatliche Eingriffe sich auf das absolut Notwendige beschränken. Und während die Eigentumsförderung für die Mittelschichten in der Bundesrepublik von Anfang an eine hohe Bedeutung hatte, wird der Markt für Mietwohnungen meist stiefmütterlich behandelt. Zudem gibt es eine deutliche Tendenz zur Subjekt- statt Objektförderung. Es werden eher Individuen unterstützt, indem beispielsweise Zuschüsse oder Steuervorteile für den Erwerb von Eigentum oder Mietzuschüsse gewährt werden. Die Objektförderung, also die Finanzierung des Baus von günstigen Mietwohnungen, wurde dagegen seit den 1980er Jahren stark zurückgefahren.

Ende der 1980er Jahre galt die Wohnungsfrage in Deutschland als fast gelöst. Heute erleben vor allem wirtschaftsstarke Großstädte, prosperierende Metropolregionen sowie Universitätsstädte eine Rückkehr der Wohnungsfrage. Die aktuelle Wohnungsnot ist die Folge eines Umbaus des Wohlfahrtsstaates in den letzten Jahrzehnten sowie einer globalen Entwicklung auf den Kapitalmärkten, die Immobilien immer stärker zu Kapitalanlagen macht. Sie ist nicht vom Himmel gefallen, sondern das Ergebnis gesellschaftlicher Prozesse und die Folge lokaler, nationaler und supranationaler Entscheidungen. Sie wird die sozialräumliche Struktur und die gesellschaftliche Integrationsfähigkeit der Städte erheblich verändern. So wurden in dieser Zeit die Förderung des Mietwohnungsbaus massiv zurückgefahren und gleichzeitig Rahmenbedingungen dafür geschaffen, dass Immobilien als Investment attraktiver werden. Weil dadurch die Mieten in die Höhe gegangen sind, musste das bei der Objektförderung eingesparte Geld für die Finanzierung von Mietzuschüssen für Menschen mit geringem Einkommen aufgewandt werden.

Der Bund hat sich inzwischen weitgehend aus der Wohnungspolitik verabschiedet. Es ist eine zunehmende Kommunalisierung der Wohnungspolitik zu beobachten bei gleichzeitiger finanzieller Schwächung der Kommunen.

## Wohnen als Markt

Wohnen ist im Kapitalismus, wo Grund und Boden überwiegend in Privateigentum sind, eine Ware. Gleichzeitig prägt Wohnen als Hauptnutzung städtischen Bodens die räumliche und soziale Struktur der Städte. Seit Jahren steigen vor allem in wachsenden urbanen Räumen die Immobilienpreise und Mieten. Dabei sind steigende Mieten keine Erfindung der Moderne. Schon Martin Luther (1483-1546) klagte: »Aber an jhenem tage werden sie den mund auftun und sagen: ›Jhener ist mein Haussherr gewest, hat mich von jar zu jar den zins gesteigert.‹« (Kraft 2017: 14)

Nicht erst in den letzten Jahren und nicht nur in besonders nachgefragten städtischen Räumen ist es für Bevölkerungsgruppen mit geringem Einkommen unmöglich, sich über den Markt mit einer angemessenen Wohnung zu versorgen. Für diese Gruppen mussten immer entweder der Staat oder gemeinnützige Einrichtungen preiswerte Wohnungen zur Verfügung stellen. Bis in die 1990er Jahre geschah dies in Deutschland insbesondere dadurch, dass es einen staatlich geförderten kommunalen und gemeinnützigen Wohnungsbau gab.

Der Preis für Grund und Boden ist letztendlich nichts anderes als der vorweggenommene Ertrag aus seiner Folgenutzung. Die erwarteten Mieten für Gewerbe-, Büro- oder Wohngebäude bestimmen also wesentlich die Immobilienpreise, und umgekehrt treiben hohe Immobilienpreise die Mieten in die Höhe. Zeiten mit Niedrigzinsen führen in zweierlei Hinsicht zu einer steigenden Nachfrage nach Grundstücken und Immobilien. Erstens können es sich mehr Menschen leisten, Kredite aufzunehmen, um Wohneigentum zu erwerben. Zweitens fließt vermehrt anlagesuchendes Vermögen in den Immobilienbereich, weil die Renditeerwartungen in anderen Bereichen niedrig oder gar nicht gegeben sind. Wenn das Verleihen von Geld genauso viel oder mehr einbringt als das Bauen und Vermieten von Wohnungen, werden Investor*innen eher Finanzanlagen nutzen. Wenn die Zinsen dagegen sinken, legen sie ihr Geld eher im Immobilienmarkt an. Seit 2010 erlebt Deutschland einen Bauboom. Die Ursachen dafür sind neben den niedrigen Zinsen und dem Run auf Wohneigentum zur Selbstnutzung die Vermarktlichung und Ökonomisierung von Wohnungen (»Finanzialisierung«) sowie der politisch gewollte Abbau des Wohlfahrtsstaates (»Responsibilisierung«) (Heeg 2017).

Insgesamt wurden von 1995 bis 2010 in Deutschland eine Million öffentliche Wohnungen privatisiert (Holm/Horlitz/Jensen 2017: 8). Hätte es die Auflagen der Gemeinnützigkeit noch gegeben, wäre dies nicht möglich gewesen. Die Zulassung von Immobilienfonds und Real Estate Private Equity Fonds hat die Menge des Kapitals, das in den Immobilienmarkt fließt, deutlich erhöht und damit die Konkurrenz um Grundstücke und Immobilien verschärft. Zudem wurden ehemals geschützte Sphären wie öffentliche, betriebliche und genossenschaftliche Wohnungsbestände für Investoren geöffnet und der Nutzung durch Geringverdienende entzogen. Immobilien stellen heute nicht mehr nur Gebrauchsgüter dar, die für Büros oder zum Wohnen genutzt werden, sondern sind zum Finanzprodukt geworden, bei dem es vor allem auf die Rendite ankommt und das auch zu Spekulationszwecken dient. Greta Krippner (2005) hat diese Entwicklung als »Finanzialisierung« beschrieben. Diese zunehmende Bedeutung finanzieller Motive und Akteure gilt nicht nur für gewerblich genutzte Immobilien, sondern auch für Wohnimmobilien. Immobilien werden zunehmend zu Anlageobjekten, weil es noch nie so viel privates Kapital gab, das Anlagemöglichkeiten in Immobilien sucht. Nicht nur große Immobilienfonds investieren in Deutschland vermehrt in Wohnungen. 78% der Deutschen betrachten das eigene Zuhause als sichere Altersvorsorge (Heeg 2017: 52), und der Anteil derer, die nicht zur Miete, sondern im eigenen Eigentum wohnen, ist seit Mitte der 1990er Jahre, also seit die private Altersvorsorge an Bedeutung gewonnen hat, deutlich angestiegen. Während im Zeitraum von 1950 bis 1987, also innerhalb von fast 40 Jahren, der Anteil gerade einmal von 39,1 auf 39,3% gestiegen ist, wuchs er danach innerhalb kurzer Zeit und betrug 1993 schon 41,7% und 2010 bereits 48,8% (ebd.: 53). Verlierer dieser Entwicklung sind vor allem Menschen mit einem unterdurchschnittlichen Einkommen. Der Berliner Statistiker Hermann Schwabe (1830-1874) hat bereits 1868 festgestellt, dass die Summe, die jemand im Verhältnis zu seinem Einkommen für die Wohnungsmiete verausgaben muss, umso größer wird, je ärmer die Person ist (Schönig 2017: 13). Diese Erkenntnis gilt auch heute noch und hat im Zuge der steigenden Mieten an Dynamik gewonnen (Abbildung 1 veranschaulicht den Anstieg der Mieten sehr eindrücklich). Gerade Geringverdiener*innen müssen einen zunehmenden Anteil ihres bereits geringen Einkommens für die Miete aufbringen. 2016 haben Miethaushalte in Deutschland im Durchschnitt zwischen 25 und 31% ihres verfügbaren Nettoeinkommens für die Bruttokaltmiete aufgewandt (Statistisches Bundesamt 2016). Als bezahlbar wird im Allgemeinen eine Bruttokaltmiete in Höhe von 30% des Einkommens bewertet (Schönig 2017: 12). Geringverdiener*innen liegen in der Regel deutlich darüber. Aus einer Studie der Hans-Böckler-Stiftung aus dem Jahr 2017 geht hervor, dass rund 40% der Haushalte in Deutschland mehr zahlen (Lebuhn/Holm/Junker/Neitzel 2017).

**Abbildung 1: Die steigenden Mieten in deutschen Großstädten**
Median der Jahres-Nettokaltmieten bei Neuvermietung (in Euro)

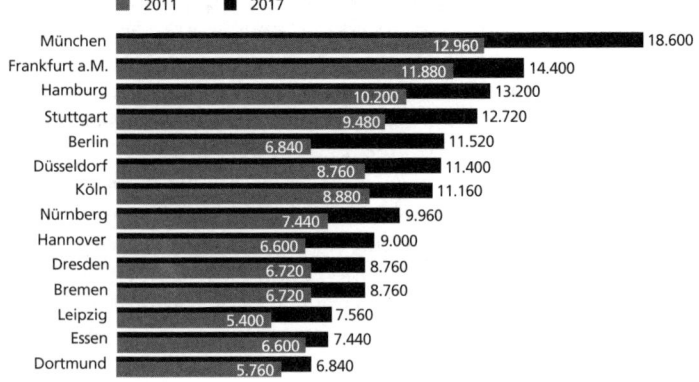

Basis: 53.700 Mietwohnungen von 80 bis 120 Quadratmetern, die im 1. Halbjahr 2011 und 2017 auf immowelt.de inseriert wurden. Quelle: https://de.statista.com/infografik/11157/die-steigenden-mieten-in-deutschen-grossstaedten/. Angesehen am 8.3.2018.

## Gegensatz: Marktkonformität versus Daseinsvorsorge

In einer kapitalistischen Marktwirtschaft müssen Kommunen in der Wohnungsfrage zwei widerstreitende Prinzipien unter einen Hut bekommen. Sie müssen einerseits Flächen für Gewerbe, Büronutzung und Wohnen zur Verfügung stellen und dabei darauf achten, dass sie für ihre eigenen Grundstücke eine angemessene Rendite erzielen. Andererseits liegt es in ihrem Interesse, dass auch für Bevölkerungsgruppen, die nur über ein geringes Einkommen verfügen, bezahlbarer Wohnraum bereitsteht. In einer kapitalistischen Marktwirtschaft, in der Grund und Boden sowie die darauf errichteten Gebäude verwertet werden müssen und handelbare Waren sind, steigen die Preise, wenn Boden knapp ist. Wenn der Bodenpreis steigt, steigt auch der Preis für die darauf errichteten Wohnungen – sowohl für Eigentums- als auch für Mietwohnungen. Nur wer über das nötige Geld verfügt, kann sich eine angemessene Wohnung leisten.

Kommunen müssen sich darum kümmern, dass alle Menschen in ihrem Verantwortungsbereich eine Wohnung haben: Sowohl diejenigen, denen es gelingt, sich über den Markt zu versorgen, als auch diejenigen, die dies aufgrund mangelnder Ressourcen nicht können. Wenn immer mehr Menschen keine bezahlbare Wohnung finden, belastet dies auch den städtischen Haushalt, da Mietzuschüsse gezahlt werden müssen. Auch die Kosten der Obdachlosigkeit haben meist die Kommunen zu tragen. Zudem ist Wohnen die Hauptnutzung städtischen Bodens und prägt wesentlich die räumliche und soziale Struktur der Städte. Wenn Wohnung und Grundeigentum immer mehr zum Spekulationsobjekt werden, trifft dies also die Städte und Gemeinden in besonderem Maße.

Erste Formen des sozialen Wohnungsbaus gab es schon im ausgehenden Mittelalter. Die Fugger, ein schwäbisches Kaufmannsgeschlecht, schafften bereits 1521 Reihenhaussiedlungen für bedürftige Augsburger Handwerker und Tagelöhner. In den Gängevierteln der Hansestädte wurden für alte Seeleute und Witwen billige Wohnungen zur Verfügung gestellt. Und die Weberhäuser, die um 1500 in Nürnberg als Werkswohnungen eingerichtet wurden, erfüllten ebenfalls den Zweck, günstigen Wohnraum für Menschen mit geringem Einkommen zu schaffen. Dies blieben aber Einzelmaßnahmen. Erst mit der Durchsetzung des Kapitalismus wurde fehlender Wohnraum zu einem Massenphänomen. Gleichzeitig mit der Entwicklung des Kapitalismus in Deutschland setzte auch eine massive Urbanisierung ein. Viele, die im Zuge dieser Entwicklung vom Land in die Stadt zogen, waren nicht in der Lage, eine angemessene Wohnung zu finden. Entsprechend groß war die Wohnungsnot, vor allem in den industriellen Zentren. Um der Situation Herr zu werden, begannen die Kommunen damit, selbst Wohnhäuser für Menschen mit geringem Einkommen zu schaffen und Wohngenossenschaften zu unterstützen. Die Grundsätze der entstehenden Wohnungsgenossenschaften waren, dass ihre Mieten nicht darauf ausgerichtet waren, Gewinne zu erwirtschaften, sondern lediglich die entstandenen Kosten zu decken. Zudem wurde die Ausschüttung an die

Gesellschafter*innen begrenzt und die Erträge wurden wieder reinvestiert. Die Wohnungsgenossenschaften wollten ein Angebot für breite Schichten, insbesondere weniger Wohlhabende, schaffen und beschränkten sich sowohl räumlich als auch vom Aufgabenprofil auf ein begrenztes Geschäftsfeld. In der Weimarer Republik wurde der öffentliche Wohnungsbau ebenso wie die Wohnungsgenossenschaften stark gefördert. Auch dem Mieter*innenschutz wurde hohe Bedeutung beigemessen.

Deutschland ist ein Mieter*innenland. Die Mehrheit der Haushalte in Deutschland, nämlich 55%, wohnt zur Miete, wobei der Anteil im Saarland mit gut 40% am niedrigsten, in Berlin mit etwa 86% am höchsten ist. Im Vergleich zu anderen OECD-Staaten liegt Deutschland damit auf dem vorletzten Platz vor der Schweiz mit 40% und weit unter dem Durchschnitt, der bei 68% für alle 34 untersuchten Länder liegt (Statista 2017).

Mit der Kombination aus überwiegend privat organisiertem Wohnungsbau (Eigenheime und Eigentumswohnungen sowie Mietwohnungen von privaten Immobiliengesellschaften) und einem leistungsfähigen Bereich betrieblicher, gemeinnütziger und kommunaler Wohnungsbauunternehmen war in der Bundesrepublik Mitte der 1980er Jahre eine Situation erreicht, wo marktwirtschaftliche Mechanismen durch marktregulierende bzw. wettbewerbsdämpfende ergänzt wurden und die Versorgung mit Mietwohnungen weitgehend funktionierte. In dieser Situation leitete die damalige Bundesregierung jedoch eine wohnungspolitische Wende ein. Denn 1988 wurde die Gemeinnützigkeit von Wohnungsbaugesellschaften abgeschafft. Dies hatte mittel- bis langfristig drastische Folgen für den Mietwohnungsmarkt. Während es Mitte der 1980er Jahre noch rund vier Mio. Sozialwohnungen gab, waren es 2017 noch 1,5 Mio. 2012 wurde der Fehlbedarf an günstigen Mietwohnungen auf rund 4,2 Mio. geschätzt (Holm/Horlitz/Jensen 2017: 9), und jährlich fallen 100.000 bis 130.000 weitere günstige Wohnungen weg, während nur rund 11.000 neu entstehen. 2014 wurden beispielsweise 250.000 Wohnungen fertiggestellt, davon nur 50.000 Mietwohnungen. Von diesen neuen Mietwohnungen waren wiederum nur 12.000 mietpreisgebunden, das sind 5% des Neubauvolumens (ebd.: 17).

Für diese dramatische Entwicklung gibt es drei Ursachen. Da war zunächst die erwähnte Abschaffung der Gemeinnützigkeit 1988, die den Auftakt für die Privatisierung großer, bis dahin öffentlicher Wohnungsbestände einleitete. Hinzu kam das Wohnraumförderungsgesetz von 2001, das den Schwerpunkt auf den Erwerb von Belegungsrechten und Wohneigentum zur Eigennutzung legte und die Schaffung von Mietwohnungen für Geringverdienende vernachlässigte, sowie die Neuverteilung der wohnungspolitischen Zuständigkeiten durch die Föderalismusreform 2006 (Kraft 2017: 16f.). Mit dem Abbau der Wohnraumförderung nach 2001 reduzierten sich die Bundesmittel zur Wohn- und Städtebauförderung von 14,8 auf 10,2 Mrd. Euro (Holm/Horlitz/Jensen 2017: 8). Gleichzeitig wurde die Verantwortung für die Wohnungsbauförderung auf die Länder übertragen, die aber meist nicht die nötigen Mittel zur Verfügung stellten. In Berlin wurde die Förderung beispielsweise schon 2000 komplett eingestellt. Infolge dieser Entwicklungen gibt es den sozialen Wohnungsbau als Vorsorge für diejenigen Gruppen, die sich am Markt nicht allein angemessen versorgen können, derzeit so gut wie nicht mehr. Dafür flossen Steuergelder in die Bildung von Wohneigentum: Zwischen 1980 bis 2014 gingen insgesamt 98 Mrd. Euro in den Wohnungsbau, 80% davon wurden für die Bildung von Wohneigentum ausgegeben (ebd.: 13).

Genossenschaftliche Wohnprojekte oder solche, die ähnlichen Prinzipien folgen, haben ein hohes Potenzial, bezahlbaren Wohnraum zu schaffen, da sie den profitorientierten Wohnungsmarkt ein Stück weit unterlaufen. Genoss*innen empfangen nämlich nicht nur Leistungen, sondern sind Eigentümer*innen und Mitentscheider*innen. Zudem ist der im genossenschaftlichen Besitz befindliche Grund und Boden der Spekulation entzogen. Ähnliche Ziele verfolgt das »Mietshäuser Syndikat«: Wohnhäuser sollen als Immobilie dauerhaft dem Markt entzogen werden (Balmer/Bernet 2017: 264).

## Eigentum und Regulierung

Der Schutz des Privateigentums hat in Deutschland eine hohe Bedeutung und ist grundgesetzlich sichergestellt. Das Grundgesetz schreibt allerdings ebenso vor, dass aus Eigentum auch Verpflichtungen gegenüber der Allgemeinheit entstehen. Daraus erwächst unter anderem die staatliche Aufgabe, im Bereich Wohnen das Eigentum an Grund und Boden sowie Immobilien so zu regulieren, dass auf der einen Seite Eigentümer*innen ihr Recht verwirklichen können und auf der anderen die Allgemeinheit dabei keinen Schaden nimmt. Wenn also nicht genügend preiswerte Wohnungen zur Verfügung stehen, um Geringverdienende damit zu versorgen, ist es gerechtfertigt, regulierend in Eigentumsverhältnisse einzugreifen.

In Deutschland hat der private Besitz an Grund und Boden eine hohe Bedeutung. Städte und Gemeinden sowie ihre Unternehmen verfügen allerdings – ebenso wie Bund und Länder – auch über Grundbesitz, den sie auf verschiedene Art und Weise einsetzen, um ihre Aufgaben im Bereich der Daseinsvorsorge zu erfüllen. Um die Nutzung des Bodens gibt es vor allem in den urbanen Ballungsräumen eine enorme Konkurrenz: Boden wird für Wohnungen benötigt, für Büros und Gewerbebauten, aber auch als Fläche für kommunale Infrastruktureinrichtungen wie Straßen, Parks, Schulen oder sonstige öffentliche Gebäude. Dabei konkurrieren Nutzungen, mit denen sich eine hohe Rendite erwirtschaften lässt (Büros und hochpreisiges Wohnen), mit solchen, die eher Kosten verursachen (öffentliche Parks und Kinderspielplätze) oder nur geringe Einnahmen erbringen (Mietwohnungen für Geringverdienende).

Städte und Gemeinden können den ihnen gehörenden Grund und Boden auf verschiedene Art einsetzen, um Wohnraum zu schaffen. Sie können selbst darauf Wohnungen errichten, beispielsweise unter Zuhilfenahme einer städtischen Tochtergesellschaft. Sie können das Land aber auch an Wohnungsbaugenossenschaften verkaufen. Städtische Flächen werden allerdings meist an Privatpersonen oder Unternehmen verkauft, die dort Häuser errichten, um entweder selbst darin zu wohnen oder sie weiter zu verkaufen oder zu vermieten. Wenn Kommunen ihre

Flächenbestände veräußern, schränken sie ihre Möglichkeiten ein, zukünftig darauf zurückzugreifen. Sie beschneiden damit auf Dauer ihre Gestaltungsmöglichkeiten, sowohl in der Wohnungspolitik als auch in der Stadtplanung. Dies können sie vermeiden, wenn sie die Flächen nur in Erbpacht vergeben, wie dies beispielsweise die Stadt Wien bereits seit Jahrzehnten macht.

Zu Beginn der 1970er Jahre gab es eine Initiative der SPD zur Reform des Bodenrechts: In städtischen Ballungs- und Problemzonen soll das »Verfügungseigentum« an Boden – gegen Entschädigung – an die Kommunen übergehen und dem bisherigen Alleineigentümer sollte nur noch ein Nutzungsrecht bleiben. Zudem sollten die Kommunen einen angemessenen Anteil an den Wertsteigerungen von Grundstücken abschöpfen, wenn diese durch die Änderung der Bebauungspläne das Mehrfache ihres ursprünglichen Wertes hinzugewonnen hatten (Spiegel 1972). Der damalige SPD-Politiker und ehemalige Bürgermeister von München, Hans-Jochen Vogel, plädierte angesichts der sich abzeichnenden Wohnungsnot in den Großstädten für eine Reform des Bodenrechts. Dabei argumentierte er sehr grundsätzlich: Grund und Boden sei keine beliebig vermehrbare Ware, sondern vielmehr als nahezu einziges Gut »unvermehrbar, unverzichtbar und unzerstörbar«. Deshalb versage in der Bodenfrage auch der Markt. Vogel plädierte dafür, die öffentliche Verfügungsgewalt über Boden zu verstärken. Die öffentliche Hand müsse das »Verfügungseigentum« an Grund und Boden haben und lediglich das Nutzungseigentum dürfe an diejenigen gehen, die darauf Häuser errichten (Vogel 1972). Leider ist dieser an sich sehr sinnvolle Ansatz nicht weiter verfolgt worden, und heute gilt es nahezu als selbstverständlich, dass Grund und Boden Privatbesitz ist und die Eigentümer*innen nur ihren eigenen Interessen zu folgen haben, nicht aber dem Interesse der Allgemeinheit.

# 2. Istzustand: Wie stellt sich heute die Situation dar?

## Historische Entwicklung der Wohnungsbauförderung

Die Wohnungspolitik in Deutschland ist durch eine deutliche Ambivalenz gekennzeichnet: zwischen einer sozialpolitischen (öffentlich bezuschusste Wohnungsversorgung) und einer wirtschaftspolitischen Ausrichtung, die in der Regel Priorität genießt (Gewährleistung privatwirtschaftlicher Verwertungsinteressen) (Brede/Kohaupt/Kujath 1975: 93f.).

In den alten Bundesländern wurde die Wohnungsversorgung von Anfang an als eine auf Dauer privatwirtschaftliche Aufgabe, wohnungspolitische Interventionen des Staates hingegen als auf das jeweils für notwendig erachtete Maß begrenzte und zeitlich befristete Maßnahme verstanden. Diese Prämisse gilt auch für das angesichts des gravierenden Wohnungsmangels der Nachkriegsjahre verabschiedete 1. Wohnungsbaugesetz von 1950 und die mit diesem beschlossene umfangreiche staatliche Förderung des Wohnungsbaus (Objektförderung) mit drei unterschiedlichen Subventionsformen (öffentlich gefördert, steuerbegünstigt, frei finanziert). Eine besondere Rolle spielte dabei der öffentlich geförderte, heute noch bestehende, inzwischen jedoch vielfach geänderte (in Bezug auf Berechtigte, Förderkonditionen, Förderobjekte etc.) soziale Wohnungsbau. Adressaten dieser Förderung waren vor allem gemeinnützige, vielfach kommunale – privatrechtlich organisierte – Wohnungsbaugesellschaften und freie Wohnungsunternehmen sowie private Bauherren, deren Aktivitäten mit zinslosen oder niedrigverzinslichen Baudarlehen, später auch mit degressiv gestaffelten Aufwendungszuschüssen für Kapitalmarktmittel subventioniert wurden. Eine dauerhafte Bereitstellung von Wohnungsbeständen in öffentlicher (staatlicher oder kommunaler) Hand war nicht vorgesehen. Ziel war die Versorgung der »breiten Schichten des Volkes«, vor allem aber mit Blick auf Personen mit geringem Einkommen, mit Wohnraum (1. Förderweg). Die an diese Subventionen geknüpften Bedingungen (Vergabe der

Wohnungen an einen gesetzlich definierten Berechtigtenkreis zu einer die laufenden Aufwendungen deckenden »Kostenmiete«, begrenzte Verzinsung des Eigenkapitals des Bauträgers etc.) waren und sind – dem politisch gewollten Ziel einer sukzessiven Liberalisierung des Wohnungsmarktes entsprechend – zeitlich befristet. Nach Rückzahlung der Darlehen und dem Ablaufen der Bindungsfrist erlangt der – in der Regel private – Bauherr die vollen Eigentums- und Verfügungsrechte über die erstellten Wohnungen. Für Häußermann und Siebel kommt der soziale Wohnungsbau daher einer »staatlich bezuschussten Vermögensbildung Privater« gleich (Häußermann/Siebel 1981: 327).

Ebenso wie die Förderkonditionen haben auch der Kreis der Berechtigten und die geförderten Objekte im Laufe der Zeit deutliche Veränderungen erfahren. Mit dem Mitte der 1960er Jahre institutionalisierten 2. Förderweg kamen auch Haushalte mit höheren Einkommen und geringerem Subventionsbedarf als Empfänger öffentlicher Fördermittel infrage. Gleichzeitig wurde der »Bildung von Einzeleigentum« in Form von Eigenheimen, Eigentumswohnungen etc. steigende Bedeutung beigemessen.

Ab dem Ende der 1960er Jahre ging die Zahl staatlich geförderter Sozialbau-Wohnungen kontinuierlich zurück – abgesehen von einer kurzen Reaktivierung der Programme des sozialen Wohnungsbaus infolge signifikanter Nachfragesteigerungen in westdeutschen Städten nach der Deutschen Einheit. Dieser Rückgang wurde begleitet von einer Vielzahl marktorientierter, den Verwertungsinteressen von privaten Hauseigentümer*innen, Kapitalanleger*innen und der Kreditwirtschaft entsprechender Maßnahmen: vom Abbau der Wohnungszwangswirtschaft und der sukzessiven Aufhebung von Mietpreisbindung und Kündigungsschutz für Altbauten über eine stärkere Einbeziehung von Kapitalmarktmitteln zur Finanzierung des sozialen Wohnungsbaus bis zu gesetzlichen Regelungen (Modernisierungsgesetz) und steuerlichen Vergünstigungen (§ 7b EStG), um Modernisierung und Erwerb von Wohnungsbeständen für privates Kapital attraktiver zu machen. Engpässe auf dem Teilmarkt bezahlbarer Wohnungen wurden zunehmend von einem gesellschaftlichen auf ein individuelles Problem (»individuelle Härten«) reduziert, dem mit einer subjektbezogenen Förderung (Gewährung öffentlicher Mietzuschüsse in Gestalt von Wohngeld) begegnet wurde. Diese Mittel wurden allerdings zum Großteil durch Mietsteigerungen absorbiert. Neue und bezahlbare Wohnungen wurden damit nicht geschaffen.

Mit der rot-grünen Bundesregierung (ab 1998) wurde diese Politik weiter intensiviert. Der soziale Wohnungsbau wurde weitgehend beendet, 2006 wurde auch die Wohnungseigentumsförderung eingestellt (Egner 2014: 17f.). Der Staat gab damit seine Rolle als Unterstützer der Wohnungsangebotsseite weitgehend auf und beschränkte sich darauf, Wohnungsnachfrager*innen durch Zuschüsse zu unterstützen (»Kosten der Unterkunft« nach SGB II, die nach 2005 das Wohngeld weitgehend ersetzten).

Die rückläufige Förderpolitik von Bund und Ländern sowie eine steigende Zahl auslaufender Bindungen führten dazu, dass der Sozialwohnungsbestand, der sich in den alten Bundesländern in den 1980er Jahren noch auf etwa vier Mio. Wohnungen belief, bis 2011 auf 1,5 Mio. zurückging. Kommunale Wohnungsbaugesellschaften wurden nach Abschaffung der Gemeinnützigkeit und dem Auslaufen der Bindungen für ihre Bestände zu profitorientierten Immobilienunternehmen oder auch zur Sanierung kommunaler Haushalte an Finanzinvestoren verkauft. Öffentlich geförderte Modernisierung und Aufwertung älterer, häufig preisgünstiger Altbaubestände und Umwandlung in teure Miet- oder Eigentumswohnungen haben – vor allem in wirtschaftsstarken und/oder attraktiven Groß- und Mittelstädten – die Zahl bezahlbarer Wohnungen zusätzlich schrumpfen lassen. Angesichts sinkender oder stagnierender Einkommen geht die Schere zwischen Wohnungsangebot und Wohnungsnachfrage auf dem Teilmarkt bezahlbarer Wohnraum immer weiter auseinander.

Die aktuellen Überlegungen vor allem aus dem kommunalen Raum zur Bekämpfung der aktuellen Wohnungsnot sind vielfach nicht neu; zum Teil wurden sie bereits in den 1980er und 1990er Jahren im Kontext der damaligen Wohnungsengpässe formuliert (Wiederbelebung des sozialen Wohnungsbaus, Ankauf von Belegungsrechten, Aufstellung von Milieuschutz- und

Erhaltungssatzungen etc.). Erneut handelt es sich um punktuell einsetzbare und nur befristet wirksame Instrumente. Der Aufbau eines dauerhaft verfügbaren preisgünstigen Wohnungsbestandes in kommunaler Regie – als Teil der sozialen Infrastruktur – ist nicht vorgesehen. Eine solche Maßnahme würde nicht nur den Partikularinteressen der privaten Wohnungswirtschaft, sondern auch dem noch immer gültigen wohnungspolitischen Basisziel »Herstellung eines freien Wohnungsmarktes« widersprechen.

## Segregation und Gentrifizierung

Städte sind einerseits Orte, an denen Menschen aus unterschiedlichen Klassen, Schichten und Ethnien zusammenleben. Andererseits bilden sich in ihnen aber auch immer wieder Viertel heraus, in denen Menschen mit einem überwiegend ähnlichen sozialen Status getrennt voneinander wohnen. Eine räumliche Gliederung (Segregation) verschiedener Standes- oder Berufsgruppen in den Städten gab es zu allen Zeiten und in allen Kulturen. In der Zeit der Industrialisierung zwischen 1870 und 1910 entwickelten sich beispielsweise in den großen deutschen Städten schnell wachsende ärmere Viertel für das Proletariat. Gleichzeitig entstanden Gründerzeitviertel, in denen das zu Geld gekommene Bürgertum in stattlichen Häusern wohnte. Mit der zunehmenden Bedeutung der Stadtplanung und einer sozialer orientierten Wohnungspolitik nach 1918 wurde versucht, diese soziale Segregation abzubauen. In den im 20. Jahrhundert neu entstehenden Siedlungen mit großen Anteilen von öffentlich geförderten Wohnungen wurde eine »soziale Mischung« angestrebt. Die neuen Viertel sollten Abbild der »klassenlosen Mittelschichtsgesellschaft« werden. Reihenhaussiedlungen und Geschosswohnungsbau sollten in räumlicher Nähe möglich gemacht werden und die Kinder dieselbe Schule besuchen. Der soziale Wohnungsbau war also auch ein Instrument zur Verringerung der sozialräumlichen Segregation. Diese Rolle kann er heute immer weniger wahrnehmen, weil die Bestände laufend abnehmen und sich zudem in den Wohnsiedlungen der 1960er und 1970er Jahre konzentrieren. Hier bündeln sich die armen

Haushalte mit multiplen sozialen Problemlagen. Nicht zufällig nimmt die Heterogenität der Städte mit dem Rückgang der öffentlichen Wohnungsbauförderung ab dem Ende der 1980er Jahre zu. Zusammen mit der wachsenden sozialen Ungleichheit führt diese Entwicklung in den Großstädten zu einer Entmischung der Wohnviertel, die Segregation nimmt wieder zu. Segregation bedeutet, dass Menschen mit sozialen, kulturellen und/oder ethnischen Gemeinsamkeiten konzentriert in bestimmten Quartieren leben. Soziale und kulturelle Unterschiede werden in räumliche Distanzen übersetzt. Die Reichsten wohnen in den begehrtesten und besten Gegenden, die Ärmsten in den Wohnvierteln, in denen andere nicht wohnen wollen. Dabei verschränken sich freiwillige und erzwungene Segregation. Ärmere Haushalte, zudem wenn sie migrantisch geprägt sind, werden auf dem Wohnungsmarkt häufig diskriminiert und in bestimmten Quartieren zusammengedrängt, wo sie dann eine auf ihre Bedürfnisse zugeschnittene Infrastruktur aufbauen und ein lebendiges Gemeinschaftsleben entwickeln. Während sich die sozialen Aufsteiger*innen unter den Migrant*innen stärker über die gesamte Stadt verteilen, bleibt die migrantische Unterschicht stark segregiert. Dies ist aber eher Ausdruck als Ursache ihrer sozialen Marginalisierung.

Segregation hat eine widersprüchliche Wirkung. Einerseits verschärfen sich in den Vierteln mit einer überwiegend armen und bildungsfernen Bevölkerung die sozialen Probleme und es verschlechtern sich beispielsweise die schulischen Bedingungen, weil mehr Kinder mit Lernhandicaps in den Klassen sind. Andererseits erleichtert die gemeinsame Lebenssituation soziale Beziehungen, durch die auch gegenseitige Hilfeleistungen möglich sind. Das homogene Milieu bietet also bis zu einem gewissen Grad auch eine soziale Einbettung.

Ein wesentliches Element der Segregation ist die Gentrifizierung. Mit diesem Begriff wird in der Stadtgeographie der soziale Umstrukturierungsprozess eines Stadtteiles beschrieben. Dabei handelt es sich um eine »Veredelung« des Wohnumfeldes sowohl durch Veränderung der Bevölkerung wie in aller Regel auch durch Sanierungen. Gerade innerstädtische Bereiche, die wegen ihrer eher schlechten Bausubstanz bislang Viertel mit eher ärmeren Bevölkerungsschichten waren, erfahren hier einen Prozess der Aufwertung. Nicht selten werden diese Prozesse durch öffentliche Mittel der Stadterneuerung mitfinanziert. Gentrifizierungsprozesse laufen häufig nach typischen Mustern ab: Wegen der niedrigen Mietpreise werden die Stadtteile, die bis dahin überwiegend von ärmeren Bevölkerungsgruppen bewohnt werden, für »Pioniere« (Studierende, Künstler, Menschen aus der Subkultur etc.) attraktiv. Der Zuzug der neuen Bewohner*innen wertet die Stadtteile auf und setzt einen Segregationsprozess in Gang. Viele Studierende steigen in das Berufsleben ein, verdienen deutlich mehr Geld als die ansässigen Bewohner*innen; manche Künstler*innen etablieren sich und bringen weiteres Kapital in die Stadtteile.

Ist der Prozess erst einmal in Gang gesetzt, sehen Investor*innen Chancen zur Wertsteigerung der Immobilien in diesem Stadtteil. Erste Häuser und Wohnungen werden saniert, neue Läden und Kneipen siedeln sich an und die Mieten für Wohnungen und Ladenlokale steigen. Alteingesessene werden durch Mieterhöhungen verdrängt. Neu Eingewanderte, Studierende oder Künstler*innen können sich die höheren Mietpreise oft nicht leisten und weichen in andere Stadtteile aus. Eine neue, wohlhabendere Klientel siedelt sich an und setzt oft andere Lebensstandards durch. Mit dem Wandel der Bevölkerungsstruktur verändert sich der Charakter des Viertels. Die Gentrifizierung ist Teil des allgemeinen Segregationsprozesses vor allem in den boomenden Großstädten.

## Leerstände

Der Wohnungsmarkt in der Bundesrepublik ist stark gespalten. Erheblichen Leerständen von offiziell bis zu zwei Mio. Wohnungen, insbesondere in »strukturschwachen« und peripheren ländlichen Gebieten, steht ein Mangel an bezahlbarem Wohnraum, insbesondere in attraktiven und stark nachgefragten Städten und Gemeinden, gegenüber. Laut einer Studie des Deutschen Städte- und Gemeindebundes besteht bis zum Jahr 2020 in der Bundesrepublik ein Bedarf an Neubau von 350.000 bis

400.000 Wohnungen pro Jahr. (DStGB 2018) Doch muss man sich im Klaren darüber sein, dass Neubau allein das Problem nicht lösen kann. Solange es keine Einschränkungen bei den Spekulationsgewinnen mit Bestandsobjekten gibt, wird es auch keine bedarfsdeckenden Neubauinvestitionen geben. Daher kann der Blick auf die tatsächlichen Leerstände und die Besitzstrukturen dieser Immobilien interessant sein.

Für die Wohnungsmarktbeobachtung ist der Leerstand ein zentraler Indikator. Die Höhe des Leerstands wird als Gradmesser der Versorgung der privaten Haushalte mit Wohnraum und für die »Marktgängigkeit« von Wohnungen gesehen. Ob ein Markt »angespannt« oder »entspannt« ist, wird unter anderem an dieser sogenannten Leerstandsquote festgemacht (Rink 2015).

Nun ist aber die Definition von Leerstand vielschichtig, und es ist nicht einfach, eine genaue Leerstandsanalyse zu erheben. Die jeweilige Definition von Leerstand hat gravierende Auswirkungen auf das, was gemessen wird, und damit auf die Leerstandsquote.

Eine das deutlich machende und in der Anwendung weit verbreitete Definition ist diese: »Allgemein wird von Leerstand von Wohnungen gesprochen, wenn diese auf dem Wohnungsmarkt angeboten werden und nach mindestens drei Monaten noch keine (neuen) Mieter gefunden worden sind.« (Klebsch 1997). Es werden also nur die leerstehenden Wohnungen in die Wohnungsmarktbeobachtung einbezogen, die auf dem Markt angeboten werden. Wohnungen, die zum Abriss, zur Modernisierung oder zum Umbau vorgesehen sind, zählen nicht dazu. Nach dieser Definition wird daher nicht der gesamte Leerstand erfasst und nur eine relativ niedrige Quote ermittelt. Die Bewertung hängt auch nicht nur an den Zuständen der Immobilien. So können beispielsweise auch strategische Entscheidungen der Eigentümer dazu führen, dass Wohnungen trotz bewohnbarem Zustand nicht am Markt angeboten werden. (BBSR 2017b)

Wenn man die Debatte über Wohnraumknappheit verfolgt, sollte man berücksichtigen, dass in den vergangenen Jahren auch Gesetze verabschiedet worden sind, die in ihrer Praxis dazu beigetragen haben, eine Situation, wie sie heute besteht, zu schaffen. So wurde noch bis vor einigen Jahren beispielsweise der Abriss von Wohnraum subventioniert. Vor allem im Osten, auf dem Gebiet der ehemaligen Deutschen Demokratischen Republik, wurde in der Vergangenheit im Rahmen des Stadtumbauprogramms Ost großflächig der Abriss von Wohnraum gefördert. Die Hauptträger des Abrissprogramms waren die kommunalen Wohnungsbaugesellschaften. Das bedeutete vielerorts, dass die (durch Altschulden belasteten[1]) kommunalen Wohnungsunternehmen mit dem Abriss im eigenen Bestand nicht nur die Zahl eigener Wohnungen, sondern automatisch auch das eigene Angebot auf dem regionalen Wohnungsmarkt senkten. Das führte zur Reduzierung des Leerstandes und zu Mietsteigerungen, wovon jedoch nicht nur die Unternehmen profitierten, die sich am Abriss beteiligten, sondern auch jene Wohnungsanbieter, die keine Wohnungen aus ihrem Bestand nahmen.

## Wohnungslosigkeit

Eine amtliche Statistik zur Zahl der Wohnungslosen in Deutschland gibt es nicht, obwohl dies seit Jahrzehnten immer wieder gefordert wurde – die Bundesregierung hielt sich für nicht zuständig. Erst 2017 beschloss die Bundesregierung, dass es in Zukunft eine solche Erhebung geben soll. Die hier genannten Zahlen stützen sich auf die – recht zuverlässigen – Schätzungen der BAG Wohnungslosenhilfe (BAG W 2017).

Bis vor gut zehn Jahren ist die Zahl der Wohnungslosen in Deutschland stetig gesunken und lag 2007 knapp über 200.000 Personen. Seitdem ist wieder ein Anstieg zu verzeichnen, der sich

---

[1]  In der DDR war die Wohnungswirtschaft staatlich organisiert. Zum Zeitpunkt der Währungsunion betrugen die DDR-Wohnungsbaukredite rund 36 Mrd. DM (14,6 Mrd. Euro). Diese sogenannten Altschulden wurden anteilig auf die ostdeutschen Wohnungsunternehmen übertragen. Das hatte u.a. zur Folge, dass die Unternehmen gezwungen waren, große Teile der Bestände zu privatisieren. Zwar wurde ein Teil der Schulden später durch mehrere Gesetze erlassen bzw. reduziert. Aber noch heute müssen Altschulden beglichen werden.

seit 2014 enorm beschleunigt hat. Für 2018 rechnet die BAG W mit ca. 1,2 Mio. Wohnungslosen in Deutschland, ein Skandal in einem reichen Land. Der Anstieg spiegelt die Entwicklung auf dem Wohnungsmarkt in den größeren Städten wider, aber auch die zunehmende Spaltung der Gesellschaft, die zu weiterer Verarmung bei den unteren Einkommen führt. Die BAG W nennt als weitere Gründe den Wegfall von Sozialwohnungen und die Privatisierung öffentlicher Wohnungen.

Nicht alle Wohnungslosen leben tatsächlich auf der Straße, sind also obdachlos. Als wohnungslos gilt auch, wer amtlich untergebracht oder eingewiesen ist, in Billigpensionen lebt oder vorübergehend bei nahestehenden Menschen unterkommt – letztlich alle, die keinen durch Eigentum oder Mietvertrag abgesicherten Wohnraum haben. Auch anerkannte Flüchtlinge, die in Notunterkünften bleiben, weil sie keine Wohnung finden, zählt die BAG W hinzu. Noch weiter gefasst ist der Begriff des Wohnungsnotfalls: Hierzu zählt auch, wer von Wohnungslosigkeit bedroht ist oder in unzumutbaren Wohnverhältnissen lebt.

Die hohe Zahl der Wohnungslosen, vor allem aber ihr schneller Anstieg (derzeit rund 350.000 jährlich) zeigt, dass hier eine soziale Zeitbombe tickt. Ohne wirksame politische Gegenmaßnahmen könnten schon 2020 über 2% der bundesdeutschen Bevölkerung wohnungslos sein – ein deutlicher Indikator für eine fehlgeschlagene staatliche Wohnungspolitik.

Die Kommunen haben nur ein begrenztes Instrumentarium zum Gegensteuern, insbesondere wenn – wie in vielen Großstädten – die finanziellen Spielräume fehlen. Immerhin sollten alle Gemeinden im Rahmen der Sozialberichterstattung ermitteln, wie groß die Probleme in ihrem Gebiet sind. Zusammen mit den Sozialverbänden und den Selbsthilfe-Organisationen lassen sich Gegenmaßnahmen entwickeln und bündeln. In einigen Kommunen haben sich »Zentrale Fachstellen zur Hilfe in Wohnungsnotfällen« bewährt, die die zuständigen Bereiche der Verwaltung zusammenführen und vor allem bei drohender Wohnungsnot eingreifen, indem z.B. Mietschulden zeitweilig übernommen und so Zwangsräumungen abgewendet werden.

## Was treibt den Immobilien-Boom?

Unter dem Begriff der Finanzialisierung kann die in den letzten Dekaden erfolgte Einpassung des Wohnens in den finanzdominierten Kapitalismus beschrieben werden. Die Funktion von Wohnraum als Ware gewinnt erheblich an Bedeutung gegenüber ihren weiteren Funktionen, zum Beispiel für die Reproduktion von Lohnarbeitskraft. Möglich ist diese Entwicklung aufgrund allgemeiner Rahmenbedingungen, die dem Wohnen zunächst extern sind bzw. waren:

- Die Liberalisierung der Finanzmärkte ermöglicht das Entstehen neuer Geschäftsmodelle.
- Die politisch und ökonomisch verursachte Zunahme von Einkommens- und Vermögensungleichheit sowie die Förderung des Aufbaus kapitalgedeckter Versicherungssysteme führen zu einer massiven Vermehrung anlagesuchenden Kapitals.
- Die aktuelle Niedrigzinsphase lässt anlagesuchendes Kapital verstärkt in den Immobiliensektor drängen.

Parallel wird durch verschiedene politische Maßnahmen diesem anlagesuchenden Kapital der Zugriff auf erhebliche Teile des Mietwohnungsbestandes ermöglicht. Dies ist keine spezifisch deutsche Entwicklung, sondern erfolgt international mit jeweils spezifischen Ausprägungen (Heeg 2017: 53). Bezogen auf Deutschland »gelingt« schrittweise die Öffnung einstmals geschützter Wohnungsbestände für eine profitorientierte Bewirtschaftung folgendermaßen:

- Abschaffung eines gemeinnützigen Wohnungssektors durch Streichung der Wohngemeinnützigkeit 1988.
- Weitgehender Rückzug und Bestandsreduktion im Bereich des geförderten Wohnraums (Zahl der Sozialwohnungen sinkt von 1990 bis 2016 von 2,87 Mio. auf 1,24 Mio., siehe auch Abbildung 2) (Statista 2018).
- Privatisierung öffentlicher Wohnungsbestände (allein 630.000 Wohnungen zwischen 2003 und 2013) (Unger 2016: 187).
- Verkauf nicht profitorientiert bewirtschafteter Wohnungen von Genossenschaften, Kirchen etc. an profitorientierte Wohnungsunternehmen (allein 98.000 zwischen 2003 und 2013) (ebd.).

**Abbildung 2: Immer weniger sozialer Wohnraum in Deutschland**
Anzahl belegungsgebundener Sozialwohnungen (in Mio.)

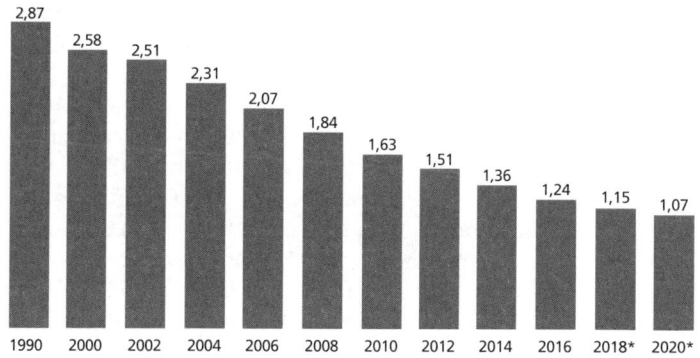

* Prognose. Quelle: https://de.statista.com/infografik/12473/immer-weniger-sozialwoh-nungen-in-deutschland/. Angesehen am 8.3.2018.

Zusätzlich zur Privatisierung von Wohnungsbeständen wird seit den 1990er Jahren die Privatisierung öffentlicher Liegenschaften durch eigens dafür geschaffene Unternehmen, wie etwa städtische Liegenschaftsfonds (Silomon-Pflug 2018) oder die 2005 gegründete Bundesanstalt für Immobilienaufgaben (BImA), betrieben. Deren Aufgabe ist es in der Regel, öffentliche Grundstücke zum maximal erzielbaren Preis zu privatisieren. In jüngerer Zeit führt dies zu der Schwierigkeit, dass für den Bau bezahlbarer Wohnungen, auch durch kommunale Unternehmen, häufig kein günstiges Bauland bereitgestellt werden kann.

Vor diesem Hintergrund hat sich am Finanzmarkt ein ausdifferenziertes Gefüge unterschiedlicher, auf Immobilien spezialisierter Akteure entwickelt: Immobilienfonds, Spezialimmobilienfonds, Immobilien-AGs, REPEs (Real Estate Private Equity) oder REITs (Real Estate Investment Trust) weisen ein je eigenes Profil hinsichtlich der Investmentstrategien (Risiko-Profit-Verhältnis) auf. REPEs sind risikoaffiner und haben in der Vergangenheit häufig in ehemalige öffentliche Wohnungsbestände investiert. Immobilienfonds sind eher risikoavers und investieren eher in Gewerbe- und Büroimmobilien, während Immobilien-AGs unterschiedliche Strategien verfolgen (Heeg 2013: 81). Die Heterogenität von Investmentstrategien und Immobilien-Finanzprodukten erhöht die Attraktivität von Investitionen und trägt somit dazu bei, dass mehr anlagesuchendes Kapital in diesen Bereich fließt.

Diese breite Palette an Immobilien-Finanzprodukten vermittelt dem anlagesuchenden Kapital den Zugriff aufs Wohnen. Ein erheblicher Teil dieses Kapitals wird durch institutionelle Anleger (Versicherungen, Pensionsfonds, kapitalgedeckte Alterssicherung, Stiftungen, allgemeine Sparfonds etc.) und nicht direkt durch Privatpersonen verwaltet. Dass immer mehr anlagesuchendes Kapital vorhanden ist und im Immobiliensektor investiert wird, zeigt unter anderem das Wachstum der Spezialimmobilienfonds, die fast ausschließlich Kapital institutioneller Anleger investieren. Ihr Handelsvolumen in Deutschland lag 1999 bei ca. fünf Mrd. Euro und ist bis 2016 auf ca. 70 Mrd. Euro angewachsen (ebd.).

Doch wie wirken sich diese Veränderungen konkret auf die Wohnungsunternehmen, ihre Wohnungen, Mitarbeiter*innen und Mieter*innen aus? Unger (2018: 185f.) benennt eine Reihe von Strategien, die Unternehmen, die durch REPE kontrolliert werden, anwenden, um zügig ihren Marktwert zu steigern, um dann gewinnbringend weiterverkauft werden zu können – der wichtigste deutsche Fall hierfür ist die Deutsche Annington (heute Vonovia), die lange Zeit im Besitz des britischen REPE Terra Firma Capital Partners war:

- Miet-»optimierung« durch Leerstandsreduzierung, Mieterhöhungen, Einführung und Abrechnung teurer Dienstleistungen, Verzicht auf Instandhaltungsmaßnahmen, Luxussanierungen;
- Personalabbau und verändertes Personalmanagement mit Outsourcing, Arbeitsverdichtung und Lohnsenkung;
- Bestandsmanagement: Einnahmenoptimierung durch Bildung interner Teilsegmente, für die spezifische Bewirtschaftungsstrategien verfolgt werden (Weiterverkauf, gezielter Verfall, Luxussanierung usw.).

## Entwicklung des Mietwohnungsmarkts

In den letzten Jahrzehnten ist in Deutschland zwar der Anteil derjenigen gestiegen, die in selbstgenutztem Wohneigentum leben. Trotzdem ist nach wie vor die überwiegende Zahl der Menschen auf Mietwohnungen angewiesen. Steigen die Mieten, ohne dass in gleichem Maße ihre Einkommen anwachsen, verschlechtert sich automatisch ihre soziale Lage. Dies ist in den letzten drei Jahrzehnten in Deutschland geschehen. Eine Ursache dafür ist die bereits beschriebene Privatisierung von öffentlichen Wohnungsbeständen. Eine weitere Ursache für den Anstieg der Mieten ist der Wegfall von preisgedämpften, geförderten Wohnungen. Deren Zahl hat sich von 1987 bis 2013 von über vier Mio. auf gerade einmal 1,5 Mio. verringert (Holm/Horlitz/Jensen 2017: 9). Und nach wie vor schrumpft der Altbestand um fast 58.000 Wohnungen jährlich (ebd.: 18). Im Jahr 2014 waren unter den 250.000 neu errichteten Wohnungen nur 50.000 Mietwohnungen und davon nur 12.500 im Rahmen von Förderungsprogrammen mit günstigen Mieten (ebd.: 17), also gerade einmal 5%. Nicht nur in den Ballungsgebieten, sondern in ganz Deutschland steigen die Mieten. Im Jahr 2016 stiegen sie laut Bundesinstitut für Bau-, Stadt- und Raumforschung (BBSR) bei neu abgeschlossenen Verträgen durchschnittlich um fast 5% auf durchschnittlich 7,65 Euro pro Quadratmeter an. Und in seiner aktuellen Studie geht das Institut davon aus, dass sich der Anstieg weiter fortsetzen wird (BBSR 2018: 13). Sowohl die Erst- als auch die Wiedervermietungsmieten für Wohnungen haben bundesweit deutlich zugelegt. So sind die Angebotsmieten im 1. Halbjahr 2017 im Vergleich zum Vorjahreszeitraum um 4,4% auf durchschnittlich 7,90 Euro je m² (nettokalt) angestiegen.

In manchen Städten steigen die Mieten für Wohnungen überdurchschnittlich, u.a. weil dort mehrere 10.000 Wohnungen fehlen und die Leerstandsquote faktisch bei null liegt. Da der Wohnungsbau mit der Entwicklung nicht Schritt hält, wird in den nächsten Jahren mit noch höheren Mieten gerechnet. Schon heute ist München die teuerste Großstadt für Menschen auf Wohnungssuche. Bei Neuvermietungen wurden 2018 im Schnitt 15,65 Euro pro Quadratmeter fällig. Platz zwei und drei belegen Frankfurt am Main mit 12,76 Euro und Stuttgart mit 11,93 Euro. Am billigsten ist es für Mieter*innen mit 4,30 Euro in den Landkreisen Lüchow-Dannenberg in Niedersachsen und Wunsiedel in Bayern (Spiegel 2015).

## Übersicht über Finanzen der Kommunen

Während bis vor einigen Jahren in den Medien vor allem die Krise der öffentlichen und besonders der kommunalen Finanzen beschworen wurde, lesen wir etwa seit 2015 von »sprudelnden Steuereinnahmen« und »Rekordüberschüssen« der Gemeinden. Was ist an diesen optimistischen Nachrichten dran?

Bei näherer Betrachtung der Gemeindefinanzen wird klar, dass das Auffallendste die riesigen Unterschiede sind: zwischen den Bundesländern, zwischen Regionen, zwischen Stadt und Land. Bundesweite Durchschnittszahlen sagen immer weniger aus. Die zweite wichtige Erkenntnis: In der Mehrzahl der Kommunen herrschte bis vor wenigen Jahren – in vielen auch noch heute – ein strikter Sparzwang, der strukturelle Mängel verursacht hat, die nicht kurzfristig zu beheben sind.

Um die Unterschiede zu verdeutlichen: Im Jahr 2016 konnte eine Kommune in Bayern im Schnitt 517 Euro je Einwohner*in investieren, in Baden-Württemberg 451 Euro. Am anderen Ende der Skala steht das Saarland mit 151 Euro je Einwohner*in. Nicht viel besser sieht es in Mecklenburg-Vorpommern mit 169 Euro und in Nordrhein-Westfalen mit 196 Euro je Einwohner*in aus. Ähnlich groß sind in vielen Bundesländern die regionalen oder die Stadt-Land-Unterschiede. Wo aber das Geld für die notwendigen Investitionen nicht reicht, können die Kommunen aus eigener Kraft wenig tun, um sich für die aktuellen und kommenden Herausforderungen zu rüsten und die Basis für zukünftige bessere Einnahmen zu legen. Difu und KfW-Bank beziffern den aufgelaufenen Nachholbedarf bei kommunalen Investitionen im Jahr 2017 auf bundesweit 159 Mrd. Euro (KfW Bankengruppe 2018: 5). Ein Jahr zuvor lag die Gesamtverschuldung aller Kommunen (einschließlich der Kassenkredite und der Schulden kommunaler Unternehmen) bei 143 Mio. Euro (Ernst & Young 2017: 11). Um die Kommunen finanziell nachhaltig zu sanieren, wäre also rechnerisch – neben einer Stärkung der laufenden Einnahmen – ein einmaliger Betrag von ca. 300 Mrd. Euro erforderlich.

Die Überschüsse der kommunalen Haushalte lagen bundesweit saldiert im Jahr 2015 bei 3,5 Mrd. Euro und im Folgejahr bei 4,5 Mrd. Euro (Deutscher Städtetag 2017). Das ist eine Verbesserung, denn in den meisten Jahren seit Anfang der 1990er Jahre war dieser Saldo negativ, d.h. die Kommunen lebten in ihrer Gesamtheit von der Substanz. Doch um den oben bezifferten Rückstand aufzuholen, reicht das bei Weitem nicht aus. Zudem fallen die Mehreinnahmen – die überwiegend aus der Einkommen- und der Gewerbesteuer stammen – vor allem in jenen Gemeinden an, die über eine gute lokale Wirtschaftsstruktur verfügen und bereits in der Vergangenheit ausgeglichene Haushalte aufstellen konnten. Die Gemeinden, die in den vergangenen Jahren schon hohe laufende Defizite hatten, melden auch jetzt überwiegend keine Überschüsse.

Gerade bei den Kommunen, die in der Vergangenheit finanziell knapp und zu Sparmaßnahmen gezwungen waren, helfen auch Förderprogramme oft nicht weiter, denn meistens setzen sie einen Eigenanteil der Kommune voraus, den diese nicht aufbringen kann. Mecklenburg-Vorpommern hat im März 2018 darauf reagiert und einen »Kofinanzierungsfonds« aufgelegt, mit dem das Land in einigen Fällen den kommunalen Anteil auch noch übernimmt. Weiterhin war die Sparpolitik der vergangenen Jahrzehnte immer auch mit einem drastischen Personalabbau verbunden. Planungsarbeiten werden deshalb heute vielfach an private Büros ausgelagert. Damit fehlen nicht wenigen Kommunen die Planungskapazitäten und die baureifen Pläne, um zusätzliche Mittel nutzen zu können. Viele Kommunen werden aber erst dann wieder eigene Planungsteams schaffen, wenn sie mit einer dauerhaften Verbesserung ihrer Finanzlage rechnen können. Zeitlich befristete Förderprogramme reichen dafür nicht aus. Schließlich scheitern manche Förderprogramme auch daran, dass die aktuelle Baukonjunktur die Firmen auslastet, so dass die Kommunen lange auf die Ausführung von Aufträgen warten müssen oder gar keine Auftragnehmer*innen mehr finden – abgesehen von den steigenden Preisen. Wenn berichtet wird, dass Bundesfördermittel nur zögerlich abgerufen werden, sind meist hier die Ursachen zu finden.

Insgesamt ist also festzustellen: Tatsächlich hat sich die finanzielle Lage der Kommunen seit 2015 deutlich verbessert – im Durchschnitt. Besonders ausgeprägt war diese Verbesserung jedoch dort, wo schon zuvor die Probleme geringer waren, während sich in den seit langer Zeit unterfinanzierten und überschuldeten Kommunen der Abwärtstrend vielleicht verlangsamt, aber nur selten umkehrt. Kurz gesagt: Die Schere geht weiter auseinander, die Unterschiede zwischen den Kommunen verstärken sich. Hinzu kommen eine vielerorts kaputtgesparte Verwaltung, die eventuelle zusätzliche Mittel kaum aus eigener Kraft zügig umsetzen kann, und akute Engpässe im Baugewerbe. Damit werden sich Investitionsrückstände und die hohe Verschuldung in kommunalen Haushalten weiter auf einem hohen Niveau halten.

Die Finanzlage der Kommunen hat in vielerlei Hinsicht Folgen für die Wohnungspolitik. Klamme Kommunen haben oft keine Mittel, um sie in innovative Wohnprojekte zu stecken. Sie stehen unter einem hohen Druck, ihre Grundstücke möglichst teuer zu verkaufen und haben dadurch gegenüber Investor*innen wenig Verhandlungsmacht, um beispielsweise darauf zu drängen, preisgedämpfte Wohnungen zu bauen.

## Rolle der Kommunen beim Thema Wohnen als Bestandteil der Daseinsvorsorge und der Stadtentwicklung

Entsprechend dem Staatsaufbau in der Bundesrepublik ist die Zuständigkeit für die Wohnungspolitik auf die drei Ebenen Bund, Länder und Kommunen verteilt. Die Bundesebene ist in erster Linie für die Rahmengesetzgebung zuständig. Im Baugesetzbuch werden beispielsweise alle wesentlichen Dinge geregelt, die das Planungsrecht betreffen. Diese Regelungen haben einen großen Einfluss auf die Gestaltung, Struktur und Entwicklung der Städte und Gemeinden. Im Baugesetzbuch ist nicht nur festgelegt, wie Kommunen Bebauungspläne aufstellen, sondern auch, in welchem Rahmen sie Gestaltungssatzungen erlassen, um Stadtentwicklung zu steuern. Auch Förderprogramme zur sozialen Stadtentwicklung sind in diesem Gesetz geregelt. Die Mietpreisbremse ist ebenfalls Gegenstand in einem Bundesgesetz. Und ganz aktuell muss der Bund die Grundsteuer reformieren und hat damit potenziell ein wichtiges Instrument in der Hand, um gegen Bodenspekulation vorzugehen. Die Länder sind ebenfalls für die Wohnungspolitik zuständig, insbesondere seit der Föderalismusreform von 2006, in deren Rahmen die Zuständigkeit für den sozialen Wohnungsbau vom Bund auf die Länder verlagert wurde. Auch im Bereich der Städtebauförderung engagieren sich die Länder mit eigenen Mitteln.

Im Zuge der Durchsetzung neoliberaler Politik hat sich in der Zeit ab Mitte/Ende der 1980er Jahre ein Rückzug des Staates aus der Wohnungspolitik vollzogen, der insgesamt zu einer Kommunalisierung der Wohnungspolitik geführt hat. Beispielhaft seien hier für die Bundesebene die Abschaffung der Wohnungsgemeinnützigkeit genannt und für die Landesebene die Privatisierung der Landesentwicklungsgesellschaft (LEG) in NRW im Jahr 2006, die zuvor viele Stadtentwicklungsprojekte für das Land und die Kommunen abgewickelt und viele Wohnungen in Ballungsräumen geschaffen hatte.

Im folgenden Kapitel wollen wir im Wesentlichen auf die Instrumente eingehen, die die Kommunen in der Wohnungspolitik haben. Sie haben einerseits die Möglichkeiten, die ihnen das Baugesetzbuch bei der Bauleitplanung einräumt, können also Vorschriften erlassen, in welcher Weise und mit welcher Art von Gebäuden (Industrie, Gewerbe, Wohnen, Hochhäuser oder Einfamilienhäuser) die Stadt bebaut wird. Sie können selbst regeln, wie hoch der Anteil preiswerten Wohnraums bei Neubauprojekten sein soll. Darüber hinaus können die Kommunen eine aktive Bodenpolitik betreiben, indem sie beispielsweise ihren eigenen Grundbesitz nicht verkaufen, sondern unter strengen Auflagen bebauen lassen. Sie können auch selbst Wohnungen bauen oder gemeinnützige Wohnungsprojekte fördern. In welchem Umfang Städte und Gemeinden ihre wohnungspolitischen Spielräume nutzen, ist immer davon abhängig, welche Prioritäten die kommunalpolitischen Akteure, also Kommunalpolitik und lokale Verwaltung, setzen. Und diese Prioritäten werden u.a. davon bestimmt, in welchem Maße sich die lokale Zivilgesellschaft in Form von Stadtteilinitiativen, Mieter*innenverbänden oder anderen Gruppen mit Veranstaltungen und Aktionen in die lokale Politik einmischt.

# 3. Maßnahmen und Handlungsfelder zur Umsetzung auf kommunaler Ebene

Der Staat kann den Wohnungsmarkt über Geld und über Recht steuern. Für die finanzielle Förderung stehen zwei unterschiedliche Förderprinzipien zur Verfügung: die eher marktkompatiblen Instrumente der Subjektförderung, also die Stärkung der Mietzahlungsfähigkeit von Haushalten mit geringem Einkommen, und die Förderung des Erwerbs individuellen Wohneigentums. Zur Erhöhung der Mietzahlungsfähigkeit dienen das Wohngeld sowie die Erstattung der »Kosten der Unterkunft« für Haushalte, die Transferleistungen beziehen (SGB II und SGB XII). Diese Kosten sind nach Abschaffung der Gemeinnützigkeit von Wohnungsgesellschaften auf über sechs Mrd. Euro im Jahr 2013 angestiegen (Holm/Horlitz/Jensen 2017: 10). Steuernachlässe dienen dazu, den Erwerb von Wohneigentum zur Selbstnutzung zu fördern. Ein eher marktbeschränkendes Instrument der Wohnungspolitik war bis 1989 die steuerliche Förderung gemeinnütziger Wohnungsunternehmen, teils in kommunaler Hand, teils im Besitz von Genossenschaften. Die Begründung für die Abschaffung der Gemeinnützigkeit dieser Unternehmen war u.a. Steuergerechtigkeit: Gemeinnützige Wohnungsbauunternehmen sollten nicht länger steuerlich begünstigt werden. Zwar konnten dadurch auf der einen Seite mehr Steuern von den Wohnungsbauunternehmen kassiert werden. Auf der anderen Seite führte dies aber dazu, dass Mieten im unteren Preissegment des Wohnungsmarktes deutlich anzogen und es in der Folge zu einem drastischen Anstieg in der Subjektförderung (Mietzuschüsse) kam: zurzeit 15 Mrd. Euro pro Jahr, demgegenüber lediglich 50 Mio. Euro Mehreinnahmen durch Abschaffung der Wohnungsgemeinnützigkeit (ebd.: 14).

Neben der Möglichkeit der Förderung über Geld hat der Staat auch die Möglichkeit, über das Mietrecht Mietsteigerungen zu dämpfen. Zudem können Kommunen über örtliche Satzungen private Investoren verpflichten, in einem gewissen Umfang preisgedämpfte Wohnungen zu errichten.

## Kommunales Planungsrecht

Wir haben gesehen, wie gering die Möglichkeiten einer Kommune sind, der Spekulation mit Immobilien und dem Anstieg der Mietpreise entgegenzuwirken. Dennoch gibt das Planungsrecht, insbesondere das Baugesetzbuch (BauGB), den Gemeinden einige Instrumente in die Hand, zumindest in begrenzten Gebieten gegenzusteuern. Diese hängen jedoch häufig davon ab, ob die Gemeinde über hinreichende Planungskapazitäten und finanzielle Mittel verfügt, diese Instrumente auch einzusetzen – und natürlich die politische Mehrheit ein solches Eingreifen in das Marktgeschehen mitträgt. An dieser Stelle ist nicht der Raum für eine umfassende Übersicht über das Bauplanungsrecht, ein paar Stichworte sollen genügen.

*Städtebauliche Entwicklungsmaßnahme*
Unter bestimmten Voraussetzungen (§ 165 BauGB) kann die Gemeinde eine »städtebauliche Entwicklungsmaßnahme« für ein umgrenztes Gebiet einleiten. Damit werden für einen längeren Zeitraum, manchmal bis zu 20 Jahre, Gelder und Planungskapazitäten für dieses Gebiet gebündelt. Für alle betroffenen Grundstücke wird ein entsprechender Vermerk ins Grundbuch eingetragen mit der Folge, dass Eigentümer*innen auf Verlangen Auskünfte an die Gemeinde erteilen müssen und bauliche Maßnahmen (auch Abriss), Grundstücksverkäufe u.Ä. genehmigungspflichtig werden. Die Gemeinde hat im entsprechenden Gebiet ein Vorkaufsrecht (s.u.) und kann Grundstücke im Entwicklungsgebiet zeitweilig kaufen (ausnahmsweise sogar enteignen), entwickeln und (ggf. mit Bauverpflichtungen) an die früheren Eigentümer*innen zurückverkaufen. Eine städtebauliche Entwicklungsmaßnahme ist immer an Gemeinwohlziele wie Schaffung bezahlbaren Wohnraums oder Erschließung bisher brachliegender Flächen gebunden. Zur Vorbereitung ist eine umfassende Beteiligung der betroffenen Bevölkerung vorgesehen.

*Städtebauliche Sanierungsmaßnahme*
Damit ähnelt die Entwicklungsmaßnahme der »städtebaulichen Sanierungsmaßnahme« nach §§ 136 ff. BauGB, die jedoch etwas andere Ziele verfolgt: Hier geht es ausdrücklich um die Aufwertung eines Gebiets bezüglich der Bausubstanz oder der städtebaulichen Funktion. Schon die Aussicht, ein Gebiet könnte Sanierungsgebiet werden, führt häufig zu Preissteigerungen der dort gelegenen Immobilien. Die Gemeinde kann aber Bodenwertsteigerungen, die durch die Sanierungsmaßnahme verursacht wurden, durch Ausgleichsbeiträge abschöpfen. Auch hier hat die Gemeinde ein Vorkaufsrecht und darf unter bestimmten Voraussetzungen auch enteignen, verbunden mit der Verpflichtung, die betreffenden Grundstücke später vorrangig wieder zu verkaufen. Ins Grundbuch wird ein Sanierungsvermerk eingetragen, der ebenfalls Auskunftspflichten und Genehmigungsvorbehalte nach sich zieht.

*Erhaltungsgebiete*
Etwas Anderes sind die »Erhaltungsgebiete«. Sie können nach § 172 BauGB neben anderen Zielen der »Erhaltung der Zusammensetzung der Wohnbevölkerung« dienen, dann wird von »sozialen Erhaltungsgebieten« oder »Milieuschutz« gesprochen, und sind damit (auch) als Mittel gegen Gentrifizierungsprozesse gedacht. Hier muss – wie bei den bisher genannten Instrumenten – die Stadt eine Satzung erlassen, in der die Ziele der Erhaltungsmaßnahme genannt sind. Bestimmte bauliche Maßnahmen wie Abriss, Nutzungsänderung oder Luxussanierung können, wenn sie den Erhaltungszielen widersprechen, untersagt werden. Während also die beiden erstgenannten Instrumente eine Veränderung des vorhandenen Zustands zum Ziel haben, dient das Erhaltungsgebiet dem Schutz vor zu viel oder zu schnellen Veränderungen. Auch hier besitzt die Gemeinde ein Vorkaufsrecht für Grundstücke.

*Vorkaufsrecht*

Unter verschiedenen Voraussetzungen, von denen einige genannt wurden, kann die Gemeinde ein Vorkaufsrecht ausüben. Rechtlich gesehen ist dies das Recht, an Stelle der Käufer*in in einen rechtskräftig abgeschlossenen Kaufvertrag einzutreten. Ein Vorkaufsrecht wirkt also nur dann, wenn der bisherige Eigentümer grundsätzlich verkaufen will. Wenn ein städtisches Vorkaufsrecht besteht, wird er allerdings häufig das Grundstück gleich der Gemeinde anbieten und sich die Verhandlungen mit kaufwilligen Privaten sparen, die ja auch vom Vorkaufsrecht wissen – jedenfalls dann, wenn die Beteiligten damit rechnen, dass das kommunale Vorkaufsrecht auch ausgeübt wird. Denn neben dem politischen Willen dazu benötigt die Gemeinde ja auch entsprechende finanzielle Mittel. Allerdings hat sie natürlich die Möglichkeit, das Grundstück mit entsprechenden Auflagen (z.B. zur Art der Bebauung, einer Quote für sozial gebundenen Wohnraum etc.) wieder zu veräußern (»Zwischenerwerb«). Und wenn im privaten Kaufvertrag ein spekulativ überhöhter Kaufpreis vereinbart war, kann die Gemeinde unter bestimmten Voraussetzungen zum Verkehrswert kaufen, der bei allgemein steigenden Bodenpreisen natürlich auch schon recht hoch sein kann. Das kommunale Vorkaufsrecht dient also nicht unbedingt dem Erwerb von Grundstücken, sondern ist eher ein politisches Signal an die Eigentümer*innen, kann aber – klug eingesetzt – andere städtebauliche Maßnahmen unterstützen.

*Zweckentfremdungsverbot*

Ein letztes Element kommunalen Handelns soll hier erwähnt werden: Durch Landesgesetz können bestimmte Maßnahmen wie Abriss, Umwandlung von Wohnraum in Gewerbeflächen oder gewerbliche Vermietung von Wohnraum (z.B. als Ferienwohnung) genehmigungspflichtig und spekulativer Leerstand über eine bestimmte Frist hinaus untersagt werden. Entsprechende Gesetze gibt es bisher in Baden-Württemberg, Bayern, Berlin, Hamburg, Mecklenburg-Vorpommern und Nordrhein-Westfalen – die beiden letztgenannten Länder übertragen die Ausgestaltung den Kommunen. Auch dieses Instrument schafft keinen neuen Wohnraum, es bremst nur die Reduzierung des verfügbaren Wohnraums.

Diese sehr unvollständige Übersicht zeigt: Die Kommunen haben durchaus ein Instrumentarium, das sie gegen Wohnraummangel und Fehlentwicklungen auf dem Wohnungsmarkt einsetzen können. Es wirkt jedoch meist nur punktuell, zeitlich begrenzt und setzt voraus, dass die Gemeinden finanziell und personell gut aufgestellt sind. Und natürlich muss der politische Wille vorhanden sein, die örtliche Wohnraumsituation nicht allein dem Markt zu überlassen.

## Kommunale Flächenpolitik

Städte und Gemeinden können durch eine aktive Liegenschafts- und Bodenpolitik sowie durch kommunales Planungsrecht den lokalen Wohnungsmarkt zwar nicht beliebig steuern, aber doch nachhaltig beeinflussen. Um bei knappen Flächen bezahlbaren Wohnraum zu gewährleisten, müsste städtische Politik darauf zielen, die kostengünstigen Wohnungsbestände zu erweitern und zu erhalten, Boden- und Mietpreisdynamiken einzudämmen und die öffentliche Verantwortung für bezahlbaren Wohnraum auch gegen private Renditeinteressen durchzusetzen. Eine Maßnahme wäre die Abkehr vom Höchstgebotsverfahren beim Verkauf städtischer Grundstücke an Private. Denn indem die Kommunen selbst die Preise für Grundstücke nach oben treiben, leisten sie einen Beitrag zur Verteuerung von Immobilien und damit auch von Mietwohnungen.

Noch besser ist es, wenn sie ihre eigenen Grundstücke nicht verkaufen, sondern selbst durch städtische Wohnungsbaugesellschaften bebauen lassen oder gemeinnützigen Wohnungsbauinitiativen zur Verfügung stellen. Selbst dann, wenn die Bebauung durch Investor*innen stattfinden soll, müssen die Flächen nicht unbedingt an diese verkauft werden, sondern können im Rahmen eines Erbbaurechts überlassen werden. Dadurch behält die Kommune einen deutlich größeren Einfluss auf eine spätere Verwendung des Grundstücks. Leider haben viele Städte und Gemeinden im Rahmen ihrer Entschuldungsstrategien Grund und Boden verkauft, um kurzfristig die kommunalen Kassen zu füllen. Teilweise ist dies mit Auflagen an Investor*innen geschehen. Aber selbst da, wo kurz- bis mittelfristig Einfluss auf die Art und Weise der Bebauung genommen werden konnte, wurden langfristige Gestaltungsmöglichkeiten aus der Hand gegeben.

Angesichts der aktuellen Probleme auf den städtischen Wohnungsmärkten plädiert das Deutsche Institut für Urbanistik (Difu) für eine aktive Bodenpolitik der Kommunen, um u.a. soziale Ungleichheiten aufzufangen und eine soziale Wohnungsversorgung zu sichern. Aus Sicht des Difu müssten die Städte die Nutzung von Grund und Boden im Sinne der Gemeinwohlerfordernisse gestalten. Kommunales Eigentum müsste mehr sein als eine fiskalpolitische Option zur Überbrückung von Engpässen im Haushalt. Im Einzelnen werden eine langfristige Bodenvorratspolitik zur Sicherung von Entwicklungspotenzialen gefordert sowie der Zwischenerwerb von Grundstücken durch Kommunen mit anschließender Konzessionsvergabe zur Schaffung bezahlbaren Wohnraumes und Modelle kooperativer Baulandentwicklung auf Basis städtebaulicher Verträge (Difu 2016).

In Bezug auf ungenutztes privates Bauland, das zu Spekulationszwecken brach liegen gelassen wird, scheuen die Autoren des Difu-Berichts nicht davor zurück, zur Durchsetzung des Allgemeinwohls auch stärkere Gebote und Enteignungen zu fordern, wobei sie sich der damit zusammenhängenden Schwierigkeiten bewusst sind: »Die harten Eingriffe durch Gebote und Enteignung erfordern ... Konfliktbereitschaft und (politischen) Willen. Erfolgreiche Bodenpolitik ist daher auch eine Frage der politischen Kultur. Hier gilt es, im Interesse des Gemeinwohls auch Mut zu beweisen.« (Ebd.)

In ihrer »Bodenpolitischen Agenda 2020-2030« (Difu/vhw-Bundesverband 2017) machen Difu und vhw-Bundesverband deutlich, warum es für eine nachhaltige und sozial gerechte Stadtentwicklungs- und Wohnungspolitik eine andere Bodenpolitik der Städte und Gemeinden braucht. Diese sollen bei der Vergabe von Grundstücken wohnungspolitische Auflagen machen und die Grundstücke, wenn möglich, in der öffentlichen Hand behalten. Kommunen sollen Boden- und Liegenschaftsfonds einrichten, um wohnungspolitisch handlungsfähiger zu werden und eine gezielte Bodenbevorratung zu betreiben. Dazu soll die Bundesebene das Vorkaufsrecht der Kommunen bei Grund und Boden ausbauen und die Möglichkeiten, über Bebauungspläne Gemeinwohlziele im Bereich Wohnen festzuschreiben, stärken. Zudem soll die notwendige Reform der Grundsteuer zu einer Bodenwertsteuer dafür genutzt werden, Spekulation mit Grundstücken weniger lukrativ zu machen und Kommunen mehr Gestaltungsmöglichkeiten zu verschaffen. (Ebd.) Die Bodenwertsteuer würde Grundstücke nach ihrem tatsächlichen Wert besteuern und es damit den Kommunen ermöglichen, an der Wertsteigerung von Grundstücken zu partizipieren, und zudem die Spekulation mit Baugrundstücken verteuern.

## Kommunaler Wohnungsbestand

Der kommunale Wohnungsbestand hat traditionell in der Bundesrepublik eine große Bedeutung für die Versorgung der Bevölkerung mit bezahlbaren Mietwohnungen. In der Tendenz ist dieser öffentliche Bestand aber über die letzten zwei Jahrzehnte durch Verkäufe stark gesunken. Derzeit befinden sich noch rund 2,3 Mio. Wohnungen im Eigentum von Gemeinden, Städten und Landkreisen (Claßen 2018). Wenn man den Anspruch »Wohnen ist ein Menschenrecht«, so wie er beispielsweise von den Vereinten Nationen formuliert wurde, ernst nimmt und die zwangsläufigen Entwicklungen einer in erster Linie marktwirtschaftlich ausgerichteten Wohnraumversorgung erkennt, dann wird schnell klar, dass die Frage des Eigentums auch bei Wohnraum eine zentrale ist.

In den Leitbildern und Selbstdarstellungen der kommunalen Wohnungsunternehmen beschreiben diese ihren Unternehmenszweck relativ ähnlich. Demnach soll Wohnraum erhalten, verbessert und neu geschaffen werden. Das soll in sozialer und städtebaulicher Verantwortung nach wirtschaftlichen Gesichtspunkten mieternah und bedarfsgerecht getan werden. Die zentrale Aufgabe kommunaler Wohnungsgesellschaften ist die Wohnraumbewirtschaftung und die Bereitstellung von günstigem Wohnraum. Kommunale Wohnungsgesellschaften mit ausreichendem und durchmischtem Wohnungsbestand können daher unterschiedliche Wohnungsgrößen in verschiedenen Preiskategorien anbieten. Für die Kommunen sind Wohnungsbaugesellschaften wichtige Partner in der Stadtentwicklung und zur Einwirkung auf Mietniveaus und Mietentwicklung.

In den letzten 30 Jahren hat sich der Bestand an Sozialwohnungen um zwei Drittel verringert. Da sich der Mangel an kostengünstigen Wohnungen vor allem auf Haushalte mit geringem Einkommen in Städten und Ballungsräumen mit hohem Mietniveau negativ auswirkt, kommt kommunalen Wohnungsunternehmen eine besondere Rolle zu. Gleichzeitig pflegen sie die Zusammenarbeit mit verschiedenen städtischen Stellen, mit Sozialverbänden, kulturellen und sozialen Initiativen und Selbsthilfegruppen. Gemeinsam leisten die Kooperationspartner*innen einen wichtigen Beitrag zum Quartiersmanagement, zur Wohnumfeldverbesserung und zur Förderung des nachbarschaftlichen Zusammenlebens.

Kommunale Wohnungsbaugesellschaften sind dort, wo sie noch über ausreichend Bestand verfügen, einer der größten und beständigen Auftraggeber für Handwerksbetriebe und Dienstleistungsunternehmen in der Stadt und in der Region. In vielen Städten ist es Praxis, dass die kommunalen Wohnungsunternehmen sich in der Vergabepraxis an ein Regelwerk binden, das den besonderen Bedingungen regionaler Anbieter gerecht wird. Das kann angewandt werden, solange die Schwellenwerte für europaweite Ausschreibungen – fünf Mio. Euro bei Bauleistungen, 200.000 Euro bei Lieferungen und Leistungen – nicht überschritten werden. Dadurch haben Bietergemeinschaften kleinerer Firmen bessere Chancen für Aufträge gegenüber Generalunternehmern. Für die laufende Instandhaltung ist es üblich, Rahmenverträge mit ortsansässigen Handwerksbetrieben aus zahlreichen Gewerken abzuschließen.

Die Forderung nach einem neuen sozialen Wohnungsbauprogramm ist richtig, aber Neubau allein schützt nicht vor Verdrängung. Denn einerseits gibt es in den Zentren vieler Großstädte einen unleugbaren Mangel an ausreichenden kostengünstigen Wohnungen, andererseits aber seit Jahren leerstehende Immobilien, die als Spekulationsobjekt dienen, aber keinen realen Nutzen für die Bürger*innen der Stadt erbringen. Die Mieten steigen nicht nur wegen steigender Haushaltszahlen in den großen Städten, wie es oft dargestellt wird. Sie steigen nicht nur, weil zu wenige Wohnungen gebaut werden, sondern vor allem auch, weil es keine Beschränkungen für das Geschäft und die Spekulation mit Wohnbestandsimmobilien gibt.

Ein großer Teil des Handels mit Wohnimmobilien sind reine Spekulationsgeschäfte, die darauf abzielen, die Immobilien nach einiger Zeit gewinnbringend weiterzuveräußern. Im Bundesamt für Bauwesen und Raumordnung ist man sich dieser Entwicklung schon seit Jahren bewusst. In jährlich erscheinenden Studien seit Ende der 1990er Jahre werden die Transaktionen von Wohnimmobilien erfasst und dargestellt.[2] Die Studien belegen, dass es fast ausschließlich private Investoren, in wachsendem Maße börsennotierte Unternehmen, Hedge-Fonds und Private-Equity-Gesellschaften sind, die diesen Handel – d.h. den Kauf und Weiterverkauf – von Wohnimmobilien bestimmen. Diese Geschäfte mit Wohnimmobilien wurden in den vergangenen Jahren außerdem großzügig steuerlich begünstigt.

»Die Frage, ob die börsennotierten Wohnungsunternehmen bezahlbare Mieten garantieren können, ist nicht leicht zu beantworten. Dass die kapitalmarktorientierten Anbieter die Mieterhöhungsspielräume, die die Marktlage, die Wettbewerbsverhältnisse und das Mietpreisrecht ihnen belassen, so weit wie möglich ausnutzen, kann anhand von Zitaten aus den Geschäftsberichten belegt werden. Im Vergleich mit den anderen Anbietergruppen (auch Wohnungsgenossenschaften, private Amateurvermieter) zeichnet sich die Mietpreispolitik der börsennotierten Anbieter durch das systematische und flächendeckende Ausnutzen von sich bietenden Mieterhöhungsmöglichkeiten aus. Wesentliche

---

[2]  Vgl. BBSR Datenbank Wohnungstransaktionen 2000-2017; www.bbsr.bund.de/BBSR/DE/WohnenImmobilien/Marktakteure/ProjekteFachbeitraege/DatenbankWohnungstransaktionen/wohnungstransaktionen.html.

Steigerungen der durchschnittlichen Sollmieten erzielen sie aber in erster Linie mit fluktuations- und modernisierungsbedingten Mieterhöhungen.« (BBSR 2017a)

Auch deshalb muss, wenn über soziale Wohnungspolitik gesprochen wird, über die Eigentumsfrage gesprochen werden. Soziale Wohnungspolitik kann es ohne die Einschränkung von Verwertungsinteressen nicht geben, und dafür ist eine deutliche Verlagerung des Schwerpunkts von privater zu öffentlicher Wohnungsbeschaffung und -bewirtschaftung ein entscheidender Hebel. Es ist eine öffentliche Aufgabe, eine angemessene Wohnungsversorgung im Interesse des Gemeinwohls gegen wirtschaftliche Einzelinteressen durchzusetzen. Das gelingt umso besser, wenn ein hoher Anteil an Wohnungen in öffentlicher Hand und unter öffentlicher Kontrolle ist und gesetzliche Regelungen getroffen werden, die dafür sorgen, dass Interessen des Gemeinwohls an erster Stelle stehen. Darum wäre ein umfangreiches Programm zur Re-Kommunalisierung von Wohnungen und die Stärkung kommunaler Wohnungsgesellschaften notwendig, um Städte und Gemeinden in ihrem stadtentwicklungspolitischen Handlungsspielraum zu stärken und den Zugang zu kostengünstigen Wohnungen für alle, die dies brauchen, zu verbessern.

## Neue Wohnungsgemeinnützigkeit (NWG)

Die Mietentwicklungen in den Städten zeigen es deutlich: Ein privatwirtschaftlich organisierter Wohnungsmarkt muss an den Aufgaben einer sozialen Wohnungsversorgung scheitern. Weil ökonomisch rational handelnde Marktakteure immer nach einer mindestens durchschnittlichen Verzinsung des Eigenkapitals streben, gibt es keinen ökonomischen Anreiz, Mietpreise unterhalb des Durchschnittspreises anzubieten. Kürzlich veröffentlichte Studien belegen, dass allein in den Großstädten knapp zwei Mio. Wohnungen zu Mietpreisen von fünf Euro/m² (nettokalt) fehlen. Insbesondere der Neubau von Wohnungen zielt mit seiner Orientierung an Eigentumswohnungen und Mietwohnungen im Hochpreissegment regelmäßig an den Versorgungsbedarfen vorbei.

Eine soziale Wohnungsversorgung muss gegen private Verwertungsinteressen durchgesetzt und kann nur im Rahmen einer nicht profitorientierten Wohnungsbewirtschaftung sichergestellt werden. In den vergangenen Jahren wird deshalb auch verstärkt eine Wiedereinführung der Gemeinnützigkeit im Bereich der Wohnungsversorgung gefordert. Unter dem Stichwort Neue Wohnungsgemeinnützigkeit (NWG) diskutieren Fachöffentlichkeit, Verbände und einzelne Parteien im Deutschen Bundestag über die Möglichkeiten, einen nicht-profitorientierten Wohnungssektor zu stärken, um die Bereitstellung von dauerhaft leistbaren Wohnungen zu gewährleisten (Kuhnert/Leps 2017).

Im Rahmen dieser Diskussionen wurden Modelle entwickelt, in denen eine soziale Bewirtschaftungsorientierung nicht über zeitlich begrenzte Fördereffekte oder unzulänglich durchsetzbare rechtliche Auflagen erreicht werden soll, sondern auf der Ebene der Unternehmenssatzung selbst festgeschrieben wird. Vergleichbar mit der Gemeinnützigkeit in anderen Bereichen, setzt auch die Neue Wohnungsgemeinnützigkeit auf einen Gewinnverzicht und die Erfüllung von gemeinnützigen Versorgungsaufgaben: »Die Neue Gemeinnützigkeit im Wohnungssektor dient der Daseinsvorsorge im Bereich der Wohnraumversorgung sowie einer nachhaltigen Stadt- und Regionalentwicklung. Sie umfasst alle Aktivitäten der Erstellung, Bewirtschaftung und Erneuerung von Wohnungen zu leistbaren Mieten sowie die Erbringung von wohnungsnahen Dienstleistungen, die durch die Zweckbindung der Einnahmen und eine Gewinnbeschränkung einen gesellschaftlichen Mehrwert erfüllen und insbesondere einen nachhaltigen Beitrag zur Lösung von sozialen, räumlichen und ökologischen Herausforderungen leisten. Die Gemeinnützigkeit im Wohnungssektor ist durch eine strikte non-profit-Orientierung in der Bewirtschaftung, eine klar definierte Zweckbindung der unternehmerischen Ziele sowie durch eine effektive gesellschaftliche Kontrolle gekennzeichnet.« (Holm/Horlitz/Jensen 2015) Die Prinzipien für den gemeinnützigen Wohnungsbau sehen dabei eine vorrangige Vermietung an Haushalte mit unterdurchschnittlichen Einkommen sowie besondere Bedarfsgruppen vor und schließen eine dauerhafte Mietpreis- und Belegungsbindung auf der Basis von unternehmensbezogenen Aufwandserträgen und einkommensabhängigen Miethöhen ein. Für die Verwendung der erwirtschafteten Überschüsse gilt eine Zweckbindung an den Zielen der Neuen Wohnungsgemeinnützigkeit. Im Unterschied zu früheren Formen der Gemeinnützigkeit im Bereich des Wohnens setzt die Neue Wohnungsgemeinnützigkeit auf eine stärker regionalisierte Organisation und die Erweiterung von Mitbestimmungsmöglichkeiten für Mieter*innen sowie auf die Einrichtung von Mieter*innenräten. Im Gegenzug für die Bereitstellung von dauerhaft leistbaren Wohnungen sollen steuerliche Begünstigungen, Fördermittel und Grundstückseinbringungen eine preisgünstige Bewirtschaftung gewährleisten. Erste Modellrechnungen zeigen: Mit einem Mix aus Steuerentlastung, zinsfreien Darlehen und einer Grundstückseinbringung ist es unter den Bedingungen der Neuen Wohnungsgemeinnützigkeit ohne Verzicht auf die Wohnqualität und Baustandards möglich, Neubauten mitMietpreisen unter fünf Euro/m² (nettokalt) anzubieten. Mit einem Fördermitteleinsatz in Höhe von sechs Mrd. Euro könnten bundesweit jährlich fast 100.000 dauerhaft leistbare Wohnungen im Rahmen der Wohnungsgemeinnützigkeit gebaut werden (Holm/Horlitz/Jensen 2017). Die aktuellen Fertigstellungszahlen des geförderten Wohnungsbaus mit befristeten Bindungen beschränken sich auf etwa 25.000 Sozialwohnungen pro Jahr.

## Wohnen als Infrastruktur

Die latente Unterversorgung mit bezahlbarem Wohnraum für untere Einkommensschichten ist ein Wesensmerkmal der kapitalistisch betriebenen und staatlich unterstützten deutschen Wohnungswirtschaft. Zwischen dem Angebot an bezahlbaren Wohnungen und der Zahl der Nachfrager*innen klafft eine dauerhafte Lücke. Strukturelle Veränderungen auf dem Arbeitsmarkt und Lohndumping, interregionale und internationale Wanderungen sowie Veränderungen beim Haushaltsbildungsverhalten oder Rentenarmut gehen im Falle eines gleichzeitig rückläufigen Angebots an bezahlbarem Wohnraum mit immer wiederkehrenden Versorgungskrisen/Wohnungsnöten einher. Dies war Ende der 1970er und 1980er Jahre der Fall, und seit dem ersten Jahrzehnt des neuen Jahrtausends ist Wohnungsnot erneut in vielen Groß- und wirtschaftsstarken Mittelstädten zu einem rasant wachsenden Problem geworden. In Städten wie Frankfurt oder Köln haben fast 50% der Einwohner*innen aufgrund ihrer Einkommenssituation Anrecht auf einen Wohnberechtigungsschein (in Berlin waren es 2012 bereits 60%). Das Angebot an bezahlbaren öffentlich bezuschussten Sozialbauwohnungen und privaten Altbauwohnungen ist gleichzeitig deutlich zurückgegangen. Die öffentliche Hand, die beim Wohnungsbau »lediglich auf entstehende oder entstandene ökonomische Krisen (reagiert)« (Brede/Kohaupt/Kujath 1975: 94), greift – wenn auch nur zögerlich – auf Strategien und Maßnahmen zurück, die aus den Zeiten früherer Wohnungsnöte bekannt sind: von einer Wiederbelebung des sozialen Mietwohnungsbaus über den Erwerb befristeter Verfügungs-/Belegungsrechte bis zur Aufstellung einschlägiger kommunaler städtebaurechtlicher Satzungen. Alle diese Maßnahmen sind nicht dauerhaft konzipiert. Es handelt sich vielmehr um punktuelle, zeitlich befristete und auf bestimmte Räume begrenzte Interventionen der öffentlichen Hand. Engpässe bei bezahlbarem Wohnraum sind unter den vorherrschenden Bedingungen von Wirtschaft, Arbeits- und Wohnungsmarkt jedoch kein befristetes, sondern ein dauerhaftes Phänomen, das einer dauerhaften Lösung bedarf. Die Versorgung mit bezahlbarem Wohnraum muss daher als Teil der sozialen, der Reproduktion der Arbeitskraft dienenden Infrastruktur verstanden werden, die von Bildungs- und Gesundheitswesen bis zu Kultur-, Sport- und Freizeiteinrichtungen reicht. Die Forderung, kommunale Sozialwohnungen als infrastrukturelle Einrichtung, die einer dauerhaften Sozialbindung unterliegt, und nicht als Kapitalanlage zu verstehen (Krätke 1983: 101f.), wurde ab den frühen 1980er Jahren immer wieder erhoben.[3]

---

[3]  Siehe auch: Christoph Zöpel im Special-Streitgespräch, Helmuts alter Hut, in: Spiegel Special 5/1997, S. 125f.

Wie ein Blick auf die Wohnungspolitik auch anderer europäischer Länder zeigt, gibt es eine Reihe von Beispielen, die belegen, dass ein nicht gewinnorientierter, öffentlich getragener Wohnungsbau auch unter kapitalistischen Wirtschaftsbedingungen möglich ist:

- Eine Vorreiterrolle hat die Stadt Frankfurt in den 1920er Jahren mit einem aus der sogenannten Hauszinssteuer finanzierten Wohnungsbauprogramm eingenommen, mit dem für 11% der Frankfurter Wohnbevölkerung bedarfsgerechte und bezahlbare Wohnungen erstellt wurden.
- Gleichfalls in den 1920er Jahren begann die Stadt Wien ein umfangreiches Wohnungsbauprogramm, das »als Teil der gesamten öffentlichen Infrastruktur« verstanden wurde und der Versorgung einkommensschwächerer Haushalte diente. Der kommunale Wohnbau wurde in Wien auch nach dem Zweiten Weltkrieg fortgeführt. Das für den Gemeindebau zuständige Unternehmen »Wiener Wohnen« ist Teil des Magistrats der Stadt und der politischen Verantwortung eines Stadtrats unterstellt (mehr dazu in Kapitel 4).
- Ein weiterer Ansatz – nun aus allerjüngster Zeit – ist der Salzburger Wohnungsbaufonds, der allein aus Mitteln der öffentlichen Hand finanziert wird und dem Bau bezahlbarer innerstädtischer Neubauwohnungen dient. Die zuständige Wohnungsbaugesellschaft arbeitet nicht gewinnorientiert, die Mieten sind daher stabil.
- In Großbritannien wurden über »council housing«-Programme in vielen Städten umfangreiche Wohnungsbestände für breite Teile der Arbeiterschaft bereitgestellt. Diese Bestände wurden allerdings inzwischen – seit dem Beginn der Thatcher-Ära Ende der 1970er Jahre – sukzessive privatisiert.

Diese Beispiele zeigen, dass öffentliche Wohnungspolitik auch andere Wege gehen kann, wenn – und dafür stehen die Wohnungsbauprogramme von Frankfurt und Wien – starker externer Druck vorhanden ist: vonseiten anderer Kapitalfraktionen – mit einem Interesse an niedrigen Mieten im Sinne niedrigerer Lohnniveaus zur Sicherung ihrer internationalen Konkurrenzfähigkeit –, aber auch vonseiten der Wohnungsnachfrager*innen. Diesen

Druck gibt es gegenwärtig nicht – weder von Kapitalseite noch vonseiten der Wohnungsnachfrager*innen. Es gibt keinen organisierten übergreifenden Widerstand mit expliziten politischen Zielen, sondern nur ein buntes Spektrum von Mieter*innen und Mieter*inneninitiativen, die begrenzt konfliktfähig sind und denen jeweils andere Konfliktparteien (Wohnungseigentümer*innen) gegenüberstehen. Notwendig ist daher der Aufbau eines nicht allein stadtweiten, sondern bundesweit organisierten politischen Mieterwiderstands mit dem Ziel der Einrichtung kommunaler Wohnungsbaugesellschaften, deren Bestände einer dauerhaften Sozialbindung unterliegen und die sich nicht als gewinnorientiert operierende Immobilienunternehmen verstehen.

## Neuere Mieterschutzinstrumente

Durch Bundesgesetze wurden in den beiden letzten Jahrzehnten mehrere neue Instrumente eingeführt, um die Mieter*innen in Gebieten mit »angespannten Wohnungsmärkten« zusätzlich zu schützen. Gemeinsam ist ihnen, dass sie auf den Wohnungsmarkt insgesamt nur eine sehr geringe Wirkung entfalten.

*Mietpreisbremse*
Im April 2015 wurden durch das »Mietrechtsnovellierungsgesetz« drei neue Paragrafen (556d, e und f) in das BGB eingefügt. Landläufig werden diese Neuregelungen als »Mietpreisbremse« bezeichnet. Danach können die Landesregierungen bis 2020 »Gebiete mit angespannten Wohnungsmärkten« für eine Dauer von höchstens fünf Jahren festlegen. In diesen Gebieten darf die Miete bei Abschluss eines neuen Mietverhältnisses die ortsübliche Vergleichsmiete höchstens um 10% übersteigen. Falls jedoch bereits mit dem Vormieter ein Jahr vor Ende des Mietvertrages eine höhere Miete vereinbart war, bildet diese die Obergrenze. Weitere Ausnahmen gelten bei kürzlich vorgenommener Modernisierung oder für Neubauten (Erstvermietung ab Oktober 2014). Zuviel gezahlte Miete kann zurückverlangt werden.

Die Mietpreisbremse wurde seitdem von den meisten Bundesländern eingeführt (Ausnahmen: Saarland, Sachsen und Sachsen-Anhalt. In Mecklenburg-Vorpommern ist sie beschlossen, aber noch nicht umgesetzt). Momentan gilt die Mietpreisbremse in etwas mehr als 300 Gemeinden oder in Teilen davon. Die Kommunen hatten dabei wenig zu sagen. Sie wurden immerhin in einigen Bundesländern bei der Festsetzung von »Gebieten mit angespannten Wohnungsmärkten« beteiligt. Die beiden 2017 neu gebildeten Landesregierungen in NRW und Schleswig-Holstein planen bereits wieder die Abschaffung der entsprechenden Verordnungen.

Wenn die Mietpreisbremse in einer Gemeinde oder einem Ortsteil erst einmal gilt, liegt ihre Durchsetzung in der Hand der Mieter*innen, die ggf. eine überhöhte Miete rügen und notfalls dagegen klagen müssen. Das geschieht allerdings relativ selten. Viele Mieter*innen sind froh, überhaupt eine Wohnung zu haben, und wollen das gute Verhältnis zum/zur Vermieter*in nicht gefährden. Anderen fehlen schlicht die Informationen, beispielsweise über die Höhe der Vormiete oder die ortsübliche Vergleichsmiete. Für Vermieter*innen ist das Risiko einer zu hohen Miete gering. Sie riskieren im Fall einer erfolgreichen Klage nur, die zu viel gezahlte Miete zurückerstatten zu müssen zuzüglich der Kosten des Rechtsstreits.

So stellte denn auch der Mieterverein Hamburg im Juni 2016, ein Jahr nach Einführung der Mietpreisbremse, fest, dass bei etwa 40% der Neuvermietungen die zulässige Miethöhe überschritten wird. Mieter*innen in Hamburg hätten deshalb seit Einführung der Mietpreisbremse ca. 20 Mio. Euro zu viel gezahlt. Mehrere Studien belegen, dass die Mietpreisbremse nicht bremst: Je nach untersuchten Gemeinden wurde in Gebieten mit angespannten Wohnungsmärkten bei 60 bis über 90% der Neuvermietungen die zulässige Miete überschritten. In seiner wohnungspolitischen Bilanz 2017 konstatiert der Deutsche Mieterbund, die Mietpreisbremse sei »gut gemeint, funktioniert aber nicht« (Deutscher Mieterbund 2017), während die Berliner Zeitung noch kritischer urteilt: »Das Paragrafenwerk war von Anfang an nicht darauf ausgelegt, tatsächlich Wirkung zu entfalten.« (Knuf 2017) In den Verhandlungen über den derzeitigen Koalitionsvertrag zwischen CDU/CSU und SPD wurden Verbesserungen der Mietpreisbremse beschlossen. Insbesondere soll – wie das Land Berlin schon zuvor gefordert und im Bundesrat beantragt hatte – eine Auskunftspflicht der Vermieter*in eingeführt werden. Bislang kannte nämlich die Mieter*in häufig die Vormiete nicht, konnte daher nicht wissen, ob die Miethöhe gerechtfertigt war, und musste somit »ins Blaue« rügen oder klagen. Doch bleiben andere Einschränkungen der Mietpreisbremse bestehen, insbesondere die Ausnahmen bei Modernisierung und Neubau. Damit ist nicht zu erwarten, dass die Mietpreisbremse den Wohnungsmarkt wesentlich beeinflusst.

Die Forderungen des Verbraucherzentrale Bundesverband zur Reform der Mietpreisbremse gehen deshalb weiter: »Das Instrument sollte bundesweit und auch für Neubauten sowie nach Modernisierungen gelten. Außerdem muss der Vermieter verpflichtet werden, die vorherige Miethöhe und die Kosten einer Modernisierung anzugeben. Nur so werden Verstöße gegen die Mietpreisbremse transparent. Verstöße müssen mit wirksamen Sanktionen geahndet werden.« (Verbraucherzentrale Bundesverband 2018)

Jedoch ist nicht klar, ob die Mietpreisbremse Bestand haben wird. Zumindest das Landgericht Berlin hat starke Zweifel an der Verfassungsmäßigkeit des Gesetzes: Die Orientierung an der ortsüblichen Vergleichsmiete führe in verschiedenen Gemeinden zu sehr unterschiedlichen Mietobergrenzen, was gegen den Gleichbehandlungsgrundsatz verstoße. Vermieter*innen, die bereits vor der Mietpreisbremse eine höhere Miete forderten, würden durch den Bestandsschutz »ungerechtfertigt begünstigt«. Es ist nur eine Frage der Zeit, bis hierzu das Bundesverfassungsgericht urteilt.

*Abgesenkte Kappungsgrenze*
Die Länder haben ein weiteres Mittel an der Hand, den Anstieg von Mieten zu begrenzen: Sie können Gebiete benennen, in denen Mieterhöhungen innerhalb von drei Jahren nicht mehr als 15% ausmachen dürfen (das BGB erlaubt ansonsten 20%). Auch hierbei reden die Kommunen allerdings nicht mit. Die meisten

Bundesländer (Ausnahmen: Mecklenburg-Vorpommern, Saarland, Sachsen-Anhalt und Thüringen) haben entsprechende Verordnungen erlassen, die dort benannten Gebiete sind weitgehend deckungsgleich mit denen, in denen die Mietpreisbremse gilt. Doch auch dieses Instrument entfaltet wenig Wirkung: Es gilt nur für Bestandsmieten und auch nur für solche, die deutlich unter der ortsüblichen Vergleichsmiete liegen, weil diese ohnehin nicht überschritten werden darf. Und natürlich greift es auch nur dann, wenn Mieter*innen sich gegen eine ungerechtfertigte Mieterhöhung wehren. Die abgesenkte Kappungsgrenze soll in NRW und Schleswig-Holstein wieder abgeschafft werden.

*Verlängerte Kündigungssperrfrist*
Wird vermieteter Wohnraum in Eigentumswohnungen aufgeteilt, so gilt für die Mieter*innen, die zu diesem Zeitpunkt die Wohnung bewohnen, nach § 577a BGB ein dreijähriger Schutz gegen eine ordentliche Kündigung aus »berechtigtem Interesse« (zumeist ist dies Eigenbedarf). Der 2. Absatz des § 577b erlaubt den Bundesländern, Gebiete zu benennen, in denen diese »Kündigungssperrfrist« auf bis zu zehn Jahre verlängert wird. Davon haben die beiden Stadtstaaten Berlin und Hamburg sowie fünf westdeutsche Flächenländer Gebrauch gemacht. Die verlängerte Kündigungssperrfrist gilt somit in deutlich weniger Gemeinden als die beiden anderen Instrumente. Sie kann für einzelne betroffene Mieter*innen eine Schonfrist bedeuten und in Einzelfällen Spekulation mit Wohnraum bremsen, dürfte aber die beschriebenen Entwicklungen auf dem Wohnungsmarkt nicht dauerhaft behindern.

## Lokale Bündnisse für bezahlbares Wohnen und Bauen

Im Zuge der Zunahme der Wohnungsnot und steigender Mieten sind in den letzten Jahren vor allem in Großstädten Initiativen entstanden, die sich auf vielfältige Weise gegen Gentrifizierung, steigende Mieten oder die Privatisierung öffentlicher Räume wenden. Im Folgenden werden einige dieser sehr verschiedenen Bündnisse beispielhaft dargestellt.

In München, einer der Städte mit den deutschlandweit höchsten Mieten, gibt es das »bündnis bezahlbares wohnen«. Es bezeichnet sich als einen parteipolitisch und finanziell unabhängigen Zusammenschluss von über 32 Mietergemeinschaften und Stadtteilvereinen, engagiert sich für den Erhalt bezahlbaren Wohnraums und vernetzt von Entmietung betroffene Mieter*innen untereinander.[4] Das Bündnis wendet sich explizit nicht gegen Investor*innen, Vermieter*innen oder Eigentümer*innen von Immobilien, sondern kritisiert lediglich »Spekulanten, die ohne Rücksicht auf den Mieter nur auf Gewinnmaximierung aus sind, um auf dem Rücken der Bürger das schnelle Geld zu machen«. Es sieht sich politisch in der Mitte angesiedelt und führt Gespräche mit allen Parteien »außer extrem rechts und extrem links« sowie mit Wirtschaftsvertreter*innen, Gewerkschaften, Verbänden, Vermieter*innen- und Mieter*innenorganisationen. Das Bündnis setzt sich nicht nur für die Bezahlbarkeit von Wohnungen ein, sondern möchte auch die gewachsenen sozialen Strukturen in den Münchner Stadtteilen erhalten: »Die Ursprünglichkeit und Originalität unseres Millionendorfes, sein Charme, die Mischung von Jung und Alt, von Multikulti und das so belebende soziale Gemisch, das unsere Heimatstadt weltweit über alle Grenzen hinaus prägt, muss geschützt und erhalten bleiben. Die natürlich gewachsene Urbanität Münchens darf nicht durch unkontrolliert, rasant fortschreitende Gentrifizierung zerstört werden.«[5]

Politisch deutlich anders ausgerichtet sind Initiativen aus dem Spektrum »Recht auf Stadt«. Das 2009 entstandene Bündnis bezieht sich politisch auf die Bewegung der Hausbesetzer*innen und ist deutlich links ausgerichtet. Die unter diesem Label agierenden Initiativen setzen sich nicht nur für bezahlbaren Wohnraum ein, sondern auch für »nichtkommerzielle Freiräume, die Vergesellschaftung von Grund und Boden, eine neue demokratische Stadtplanung und die Erhaltung von öffentlichen Grünflächen ... für das Recht auf Stadt für alle Bewohner*innen

---

<sub>4</sub> www.bezahlbares-wohnen.de. Angesehen am 23.4.2018.
<sub>5</sub> Ebd.

– ob mit oder ohne Papiere. Gegen Gentrifizierung, Repression, neoliberale Stadtentwicklung und geschlossene Grenzen.«[6] Am Beispiel der Hamburger Initiative »Recht auf Stadt« wird deutlich, dass hier die Wohnungsfrage nicht als isoliertes Politikfeld gesehen, sondern in einen gesamtgesellschaftlichen Zusammenhang gestellt wird. Die Initiative sieht das Problem hoher Mieten und verschwindender öffentlicher Räume als eine Folge der Krise des verstädterten globalisierten Kapitalismus und der zunehmenden Inwertsetzung sämtlicher Ressourcen und sozialen Beziehungen. Immer größere Teile der Bevölkerung seien einer zunehmenden Prekarisierung ausgesetzt, während der Reichtum der Wenigen ungebremst wachse. Neben der Organisation von Stadtteilinitiativen greift das Bündnis auch zu Formen zivilen Ungehorsams und nutzt das Mittel von Besetzungen zur Aneignung von Räumen.

Berlin kann auf eine lange Geschichte von Häuserkämpfen zurückblicken. In den frühen 1970er Jahren war die Besetzung des »Georg-von-Rauch-Hauses« in Berlin-Kreuzberg Vorbild für Initiativen in anderen Städten. Zu Beginn der 1980er Jahre wurden in Berlin gleich massenhaft Häuser besetzt, und Anfang der 1990er Jahre machten die Besetzungen im Ostteil der Stadt bundesweit Schlagzeilen. Seit Mitte der 2000er Jahre hat sich wieder eine Mieter*innenbewegung zusammengefunden, die sich gegen steigende Mieten und Verdrängung stark macht. Die Bewegung setzt sich aus drei Strängen zusammen: den sogenannten Kiezinitiativen, den Protesten gegen Großprojekte und problembezogenen Initiativen (Vogelpohl/Vollmer/Vittu/Brecht 2017: 110). Die Kiezinitiativen wenden sich gegen Umwandlung von Mietwohnungen in Eigentum und gegen Verdrängung sozial Schwächerer aus ihren Stadtteilen. Die Initiativen gegen Großprojekte wendeten sich beispielsweise gegen Immobilienprojekte wie Bürobauten. So die Kampagne »Mediaspree versenken«, die mit kreativen Aktionen zu Wasser und zu Land gegen die Bebauung eines Uferstreifens an der Spree rund um die Oberbaumbrücke aktiv wurde. Problembezogene Initiativen

---

[6] www.rechtaufstadt.net/about.html. Angesehen am 23.4.2018.

bildeten sich anhand von konkreten Problemlagen wie Luxussanierungen oder Zwangsräumungen.

Im April 2018 fand die Vielfältigkeit des Protestes in einer Großdemonstration ihren Ausdruck. Die von über 250 Gruppen unterstützte Demonstration »WIDERSETZEN – Gemeinsam gegen Verdrängung und Mietenwahnsinn« am 14.4.2018 mit 25.000 Teilnehmenden sowie die vorausgegangenen Aktionstage fanden einen großen Widerhall in der Stadtöffentlichkeit und in den Medien. »Die Demonstration ... hat deutlich gemacht, dass die Wohnungskrise für große Teile der Stadtgesellschaft zum vorherrschenden Lebensgefühl geworden ist. Die Themen Verdrängung und Mietensteigerung sind mit voller Wucht zurück in den Medien aller Lager. Am Aufbegehren der neuen breiten Mieter*innenbewegung kann nicht vorbeigeschaut werden.«[7] So bilanzierte das Bündnis die Demonstration.

Aber nicht nur in den Metropolen gibt es Initiativen gegen Wohnungsnot und steigende Mieten. In Jena hat sich seit 2010 eine wohnungs- und stadtpolitische Bewegung etabliert. Neben Gruppen, die sich für bezahlbare Wohnungen und eine soziale und partizipative Stadtentwicklung einsetzen, gibt es solche, die für mehr Freiräume für subkulturelle Initiativen streiten. Zusammen versuchen sie Einfluss auf Stadtpolitik und Stadtentwicklung zu nehmen.

So wie in München, Hamburg, Berlin und Jena gibt es in nahezu allen größeren bundesdeutschen Städten große und kleine Initiativen, die sich für bezahlbaren Wohnraum und soziale und partizipative Stadtentwicklung einsetzen. Sie machen das in vielfältigen Formen, die vom Infostand über Veranstaltungen und Demonstrationen bis zu Sit-Ins und Besetzungen reichen. Die Initiativen vernetzen Betroffene, recherchieren und informieren. Nicht zuletzt versuchen sie die Entscheidungsträger unter Druck zu setzen, Investorenprojekte zu verhindern und günstigen Wohnraum zu erhalten sowie neu zu schaffen. Die Initiativen haben sich an vielen Orten als stadtpolitischer Akteur etablieren können. Dies ist ihnen vor allem dort gelungen, wo

---

[7]  mietenwahnsinn.info/pressespiegel/. Angesehen am 21.4.2018.

sie erfolgreiche Vernetzungsarbeit geleistet haben. Ihnen ist es nicht zuletzt zu verdanken, dass Wohnungspolitik wieder eines der zentralen Themenfelder der Stadtpolitik geworden ist. An ihre Grenzen stoßen die lokalen Initiativen immer dann, wenn die Kommunen selbst gar nicht handlungsfähig sind, weil Steuerpolitik, Eigentumsverhältnisse oder ökonomische Rahmendaten ihre Problemlösungskompetenz massiv einschränken. Dies zu verändern bräuchte eine mindestens bundesweite Vernetzung, die versucht, auf höheren politischen Ebenen Einfluss zu nehmen.

## Wohnungspolitische Programme der Parteien

*DIE LINKE*
Im 144 Seiten starken Bundestagswahlprogramm von DIE LINKE ist dem Thema Wohnungspolitik ein eigenes sechsseitiges Kapitel unter der Überschrift »Die Mieten runter! Neustart für den sozialen, gemeinnützigen Wohnungsbau und ein grundlegend verbessertes Mietrecht« gewidmet (S. 44-49). (DIE LINKE 2017) Das Programm analysiert zunächst die Probleme, die durch Privatisierungen, steigende Mieten und die daraus folgende Gentrifizierung entstanden sind. »Die Mieten steigen, weil die Spekulation den Wohnungsmarkt erreicht hat und in vielen Orten zu wenig Wohnraum zur Verfügung steht. Das Kapital walzt durch die Städte. Nach der Finanzkrise und angesichts von niedrigen Zinsen suchen Immobilienfonds und Finanzfirmen nach neuen Profitmöglichkeiten.«

DIE LINKE fordert mehr bezahlbare Wohnungen und eine »neue Wohngemeinnützigkeit«. Niemand dürfe mehr als ein Drittel seines Einkommens für die Miete ausgeben. Ein Neustart im sozialen Wohnungsbau ist ein zentraler Bestandteil des Zukunftsprogramms der Partei. Mindestens 250.000 Sozialwohnungen sollen pro Jahr gebaut oder angekauft werden. Der Schwerpunkt wird dabei auf gemeinnützigen kommunalen Wohnungsbau gelegt. Dieses Vorhaben soll mit über fünf Mrd. Euro finanziert werden. Im Parteiprogramm beruft man sich u.a. auf das »Wiener Modell«, welches sich auf bezahlbare Wohnungen mit festgelegten Mieten stützt, die in öffentlichem Eigentum sind und in denen die Mieter*innen mitbestimmen (siehe auch Kapitel 4). Im Programm werden die wohnungspolitischen Ziele und viele konkrete Maßnahmen zu deren Erreichung aufgelistet. Diese sind u.a. in den Unterkapiteln »Mieterhöhungen stoppen«, »Verdrängung und Gentrifizierung stoppen«, »Kündigungsschutz für Mieterinnen und Mieter verbessern«, »Die Häuser denen die drin wohnen«, »Besserer Schutz für soziale Träger«, »Wohnen in der Stadt und auf dem Land«, »Den ökologischen Umbau des Gebäudesektors fördern« zu finden. Einen Schwerpunkt legt das Programm auf eine neue Wohngemeinnützigkeit. Auf zwei Seiten wird konkret beschrieben, wie sich die Partei diese vorstellt und wie sie ein wirksamer Bremsklotz gegen Spekulation und Privatisierung sein kann.

Zentral zieht sich durch das Programm die Forderung, Wohnungen wieder zurück in die öffentliche Hand zu bringen. In erster Linie den Kommunen, aber auch Genossenschaften und Mieter*innengemeinschaften soll der Rückkauf von Wohnungen ermöglicht und durch die öffentliche Hand gefördert werden. Dafür soll ein Rekommunalisierungsfonds aufgelegt und ein kommunales Vorkaufsrecht gestärkt werden. Liegenschaften der Bundesanstalt für Immobilienaufgaben sollen nur noch an Kommunen, Länder, Mieterinitiativen und Mietersyndikate abgegeben werden. Immobilienfonds wie Private-Equity-Gesellschaften und Hedge-Fonds soll die Zulassung entzogen werden.

*CDU/CSU*

Im Bundestagswahlprogramm der CDU/CSU, das als Regierungsprogramm geschrieben ist und 76 Seiten umfasst, werden zum Thema Wohnungspolitik an zwei Stellen Aussagen gemacht. (CDU/CSU 2017) In der Einleitung heißt es noch: »Deutschland ist ein liebens- und lebenswertes Land, in dem man gut wohnen, arbeiten und leben kann.« (S. 4)

Die zunehmenden Probleme im Wohnungsbereich werden im Programm nicht konkret angesprochen, sondern es gibt sich eher staatstragend. Mehrfach wird festgestellt, dass es den Bürger*innen des Landes noch nie so gut ging wie heute und man in den vergangenen Jahren viel erreicht habe. Den Schwerpunkt setzen die beiden Parteien in ihrem Programm auf die Schaffung von Wohneigentum. Unter der Überschrift »Wohneigentum für Familien möglich machen« (S. 26) und unter »Eigentum und Wohnraum für alle« (S. 37) wird das konkreter benannt. Dort wird der Wille bekräftigt, dass bis 2021 1,5 Mio. Wohnungen neu gebaut werden sollen, um den Wohnungsmarkt zu entlasten. »Wohnungsbau ist der beste Mieterschutz und das beste Mittel gegen ausufernde Mietpreise. Wir setzen dabei nicht auf überbordende Regulierung, sondern auf die Belebung des öffentlichen und privaten Wohnungsbaus. Dazu gehört auch die Schaffung von studentischem Wohnraum.« Außerdem soll dafür gesorgt werden, dass der verbilligte Verkauf von Grundstücken des Bundes an Städte und Gemeinden erleichtert wird. Durch Einführung eines jährlichen »Baukindergelds«, das für zehn Jahre gezahlt werden soll, soll u.a. der Erwerb von selbstgenutztem Wohneigentum gefördert werden. Darüber hinaus sollen, bei erstmaligem Erwerb von selbstgenutztem Wohneigentum, bei der Grunderwerbsteuer Freibeträge für Erwachsene und Kinder eingeführt werden.

*SPD*

Das Wahlprogramm der SPD 2017 »Zeit für mehr Gerechtigkeit« umfasst 116 Seiten, davon nimmt die Wohnungspolitik gut anderthalb Seiten ein (SPD 2017). Gleich zu Beginn des übergeordneten Abschnitts »Es ist Zeit für ein gutes Leben – in der Stadt und auf dem Land« werden zwei Hauptpunkte vorweggenommen: »Die eigenen vier Wände sind entscheidend für ein gutes Leben. Deshalb müssen die Mieten auch in den Metropolen bezahlbar bleiben.« Im nächsten Satz wird dann die verstärkte Förderung von Wohneigentum angekündigt, denn viele haben »den Traum von einer eigenen Wohnung oder einem eigenen Haus«. Dass Wohneigentum auch aus anderen Motiven erworben wird, bleibt unerwähnt, der Begriff »Spekulation« erscheint später nur im Zusammenhang mit Bauland. Im

Abschnitt zur Wohnungspolitik werden dann viele kleinteilige Forderungen aufgestellt. Wohnen soll bezahlbar sein. Für die Sozialdemokraten heißt das konkret: Mehr als ein Drittel des Einkommens für Wohnen ist zu viel. Die Mietpreisbremse soll »weiter verbessert« werden durch eine größere Transparenz der Vormiete und eine Auskunftspflicht der Vermieter*innen. Die Mietspiegel sollen besser und verbindlicher werden und die tatsächliche Wohnfläche gesetzlich als Grundlage der Miethöhe festgeschrieben werden. Mieterhöhungen nach Renovierung sollen begrenzt und die Möglichkeit der Kündigung wegen Eigenbedarf konkretisiert werden. Unter Hinweis auf das »Bündnis für bezahlbares Wohnen und Bauen« setzt die SPD auf verstärkten Neubau von bezahlbarem Wohnraum, darunter auch Sozialwohnungen. Es soll mehr Wohnraum in öffentlicher und betrieblicher Hand geben. Kommunale und genossenschaftliche Unternehmen sowie private Investoren, die bezahlbaren Wohnraum schaffen, sollen gefördert, das Bauen attraktiver gemacht und angekurbelt werden. Die Kommunen sollen leichter planen können und bei einer aktiven Bodenpolitik unterstützt werden. Als ein Ziel nennt das SPD-Programm »Wohnraum für alle Generationen in lebenswerten Quartieren«. Die Spekulation mit baureifem Boden will sie begrenzen. Ein sozial gestaffeltes Familienbaugeld soll Familien den Erwerb von Wohneigentum erleichtern, denn der »Traum von den eigenen vier Wänden ... dient auch einer besseren Alterssicherung«. Durch ein Programm »Jung kauft Alt« sollen Familien beim Erwerb von Bestandsbauten unterstützt werden.

*Bündnis 90/Die Grünen*
In ihrem fast 250 Seiten umfassenden Programm zur Bundestagswahl 2017 (Bündnis 90/Die Grünen 2017) widmen die Bündnisgrünen dem Thema Wohnen einen Unterabschnitt von zwei Seiten, der in das Kapitel zur Gerechtigkeit eingeordnet ist. Nach einigen richtigen, wenn auch sehr allgemeinen Forderungen (»Bezahlbares Wohnen in angemessenen Wohnungen ist für uns alle existenziell«, »Unsere Wohnungen dürfen kein Spekulationsobjekt sein«) folgen viele konkrete Forderungen. Zu Beginn

wird verlangt, Immobilienspekulationen uneingeschränkt zu besteuern. Die Antwort auf die Frage »Sozialer Wohnungsbau oder neue Gemeinnützigkeit?« lautet »Sowohl als auch«: Die Grünen wollen eine Million sozial gebundener Wohnungen bauen, statt den Bau von Luxusobjekten staatlich zu fördern, und mit einer neuen Wohngemeinnützigkeit faires, gutes und günstiges Wohnen ermöglichen. Auch Menschen mit kleinen und mittleren Einkommen sollen – mit staatlicher Unterstützung – Anteile an Genossenschaften erwerben können. Der Bund soll Liegenschaften vergünstigt an Kommunen (auch zur Weitergabe an gemeinwohlorientierte Träger) abgeben statt mit Immobilien zu spekulieren.

Das Wohnen wird ausdrücklich als Teil der öffentlichen Daseinsvorsorge bezeichnet. Mietsteigerungen sollen wirksam begrenzt, Raussanierung und Verdrängung beendet werden: »Eine richtige Mietpreisbremse ohne Hintertür muss her.« Das Mietrecht soll sozial und ökologisch reformiert werden, damit klimafreundliche Wohnungen in guter Lage bezahlbar bleiben.

Den Kommunen soll die Wahrnehmung des Vorkaufsrechts erleichtert werden, zudem sollen sie selbst entscheiden können, wo sie die Umwandlung von Miet- in Eigentumswohnungen unterbinden. Das Wohngeld soll angehoben, der Kündigungsschutz wie auch Mieter*innenschutzverbände gestärkt werden. Gemischte Quartiere, kurze Wege, mehr Grün in der Stadt und soziale Treffpunkte sollen gefördert werden, ebenso Projekte von unten wie urbane Gärten, Baugemeinschaften, generationengerechtes Wohnen und barrierefreie Wohnungen. Zudem sollen der Flächenverbrauch eingedämmt und mehr ökologische Baustoffe verwendet werden. Das Baurecht soll modernisiert und die Wärmewende mit einem eigenen Programm vorangebracht werden.

Insgesamt enthält dieser Programmteil sehr viele konkrete Ziele. Mit welchen Instrumenten sie erreicht und wie sie finanziert werden, bleibt jedoch in großen Teilen offen.

*Bewertung*

Während die Partei DIE LINKE in erster Linie auf einen Ausbau des öffentlich geförderten Wohnungsbaus und die Einführung einer Neuen Wohnungsgemeinnützigkeit setzt, spielt dies für die CDU erwartungsgemäß überhaupt keine Rolle. Sie will in erster Linie den privaten Wohnungsbau fördern, sei es der Bau von Eigenheimen oder von privat finanzierten Mietshäusern. SPD und Bündnis 90/Die Grünen bewegen sich zwischen diesen beiden Positionen. Sie betonen zwar einerseits die Rolle der öffentlichen Hand bei der Schaffung von günstigen Mietwohnungen und die Chancen von genossenschaftlichen Wohnprojekten, wollen aber auch den Erwerb von privatem Wohnungseigentum fördern.

# 4. Stadtbeispiele:
# Best practice – worst practice

### Freiburg: durch Bürgerentscheid
### Privatisierung verhindert

Ähnlich wie in anderen Städten sollten auch in Freiburg die städtischen Wohnungen an einen Investor verkauft werden. Dagegen regte sich aber Widerstand, und unmittelbar nach Bekanntwerden der Verkaufsabsicht am 1. April 2006 bildete sich die Bürgerinitiative »Wohnen ist Menschenrecht«.[8] Am 12. November 2006 entschied die Freiburger Bevölkerung durch Bürgerentscheid, die städtischen Wohnungen der Freiburger Stadtbau GmbH (FSB) in städtischem Eigentum zu belassen. Die Befürworter im Gemeinderat hatten den Verkauf als alternativlos dargestellt. Ohne den Verkauf könne es keinen genehmigungsfähigen Haushalt geben, und das Regierungspräsidium würde dem Gemeinderat die Hoheit über die städtischen Finanzen entziehen.

In zahllosen phantasiereichen Aktionen und Veranstaltungen trug die Bürgerinitiative ihre Forderung nach Verbleib der Wohnungen in städtischer Hand vor. Hunderte betroffene Mieter*innen, viele Beschäftigte der FSB sowie zahlreiche vom geplanten Verkauf der Wohnungen nicht direkt betroffene Bürger*innen wurden in und mit der Bürgerinitiative aktiv. Zusammen mit weiteren Freiburger Organisationen und Institutionen verhalfen sie zunächst der Abstimmung über ein Bürgerbegehren zur Durchführung eines Bürgerentscheides und schließlich dem Bürgerentscheid zum Verbleib der Wohnungen in städtischer Hand zum Erfolg. Auch die städtische Wohnungsbaugesellschaft selbst blieb damit erhalten. Sie ist eine hundertprozentige städtische Tochter. Sie verwaltet und betreibt einen Bestand von mehr als 11.000 Wohnungen und über 3.500 öffentlichen Stellplätzen sowie Frei- und Hallenbäder. Der Unternehmensverbund der Freiburger Stadtbau hat über 400 Beschäftigte, davon ca. 20 Saison- und ca. 120 Aushilfskräfte. Mit einem Umsatzvolu-

---

[8]  www.wohnen-ist-menschenrecht.de. Angesehen am 25.4.2018.

men von rund 80 Mio. Euro gehört er zu den großen Unternehmen der Region.[9]

Nach Einschätzung der Bürgerinitiative sind heute alle Fraktionen im Freiburger Gemeinderat heilfroh, dass der Verkauf durch die Freiburger Bürgerschaft verhindert wurde – ist doch der Wohnungsmarkt auch ohne die damals drohende Übernahme der rund 10.000 städtischen Wohnungen durch Immobilienkonzerne bereits mehr als angespannt. Und noch etwas verdient Aufmerksamkeit: Der Freiburger Bürgerentscheid erlangte Bedeutung weit über die Stadt hinaus. Die damals bundesweit sich ausbreitenden Versuche, kommunale Haushalte durch die Privatisierung öffentlichen Eigentums zu sanieren, erhielten einen deutlichen Dämpfer.

Die Bürgerinitiative »Wohnen ist Menschenrecht« ist zwischenzeitlich ein gemeinnütziger Verein geworden und nach wie vor kommunalpolitisch aktiv.

## Privatisierung am Beispiel Dresden

Im Jahr 2006 verkaufte die Stadt Dresden ihren kompletten kommunalen Wohnungsbestand an den US-amerikanischen Hedgefonds Fortress. Den Hintergrund bildete ein wegen der hohen Verschuldung der Stadt nicht genehmigter städtischer Haushalt. Trotz vieler Warnungen und starker Proteste aus der Bevölkerung konnte der Verkauf nicht verhindert werden. Mit dem Verkauf der kommunalen WOBA für ca. 1,75 Mrd. US-Dollar an den Finanzinvestor gingen ungefähr 47.000 Wohnungen an diesen über. Der Kauf erfolgte mit einem relativ geringen Eigenkapitalanteil von ca. einem Drittel der Kaufsumme, der Rest wurde durch die Aufnahme von Krediten finanziert. Die Bürgerinitiative gegen den Verkauf scheiterte leider, trotz gesammelter 45.000 Unterschriften, aufgrund der damals hohen Hürden für die Zulassung eines Bürgerentscheides (Nagler 2007).

Im Rahmen der Übernahme wurde das Management gestrafft und die Bilanzierung auf internationale Standards umgestellt. Mittels Outsourcing sogenannter Nebengeschäfte wie

---

[9] www.freiburger-stadtbau.de. Angesehen am 25.4.2018.

Hausmeisterdienste oder Instandsetzungsarbeiten sollte eine Konzentration des Unternehmens auf sein »Kerngeschäft«, die Wohnraumvermietung, erreicht werden. Durch die laufende Bewirtschaftung des WOBA-Bestandes realisierte der Investor nach eigenen Angaben im Laufe der folgenden drei Jahre nach dem Kauf eine Rendite in Höhe von 5% pro Jahr. Unmittelbar nach dem Kauf der Dresdner Immobilien wurden diese zusammen mit den bereits in den vorangegangenen Jahren erworbenen Wohnungen der Essener GAGFAH (2004) sowie der Hannoveraner NILEG (2005) unter dem Dach der GAGFAH zusammengeführt und bereits Ende 2006 an die Börse gebracht. Der Geschäftssitz der GAGFAH wurde aus Steuervermeidungsgründen nach Luxemburg verlegt (ebd.).

Es ist richtig, dass mit dem Verkauf kurzfristig eine Entlastung für den Stadthaushalt eingetreten ist, da städtische Schulden innerhalb kurzer Zeit zurückgezahlt werden konnten. Allerdings verzichtete die Stadt auf die kontinuierlichen Einnahmen aus der WOBA, die jährlich zwischen 10 und 20 Mio. Euro eingebracht hätten. Viel gravierender aber ist, dass mit dem Verkauf ein wichtiges Werkzeug der Stadtentwicklung aus der Hand gegeben wurde. Denn die WOBA verfügte über etwa ein Fünftel des Dresdner Wohnungsbestandes.

Nach dem Verkauf wurden vom neuen Eigentümer zunächst Maßnahmen der »Effizienzsteigerung« durchgeführt. So wurden Instandhaltungskosten gesenkt, die Mieten erhöht und Wohnungsverkäufe an Mieter*innen vorangetrieben. Eine langfristige Bestandspolitik spielt, entgegen der teilweisen Darstellung in der Öffentlichkeit, bei Private-Equity und Hedge-Fonds dagegen keine Rolle. Die größte Einnahmequelle dieser Akteure ist die Veräußerung von Teilen des Unternehmens oder des Gesamtunternehmens.

Bereits mit dem Kauf der Dresdner Wohnungen hat Fortress auch eine »Exitstrategie« verfolgt, zu der der Börsengang sowie die Zerlegung des Bestands in verschiedene Portfolien und anschließende Weiterveräußerungen gehörte. Durch die Weiterverkäufe und den verstärkten Handel mit Anteilen kann man teilweise auch von einer gewissen Anonymisierung der Besitzerstruktur sprechen. Die Privatisierung und die folgenden mehrfachen Weiterverkäufe durch die GAGFAH und die folgenden Eigentümer führten auch zu einem deutlich spürbaren Anstieg der Mieten in der Stadt. Im Juni 2014 hat Fortress die letzten GAGFAH-Aktien verkauft und ist somit nach zehn Jahren aus dem Geschäft ausgestiegen. Seit 2015 ist der Mehrheitsaktionär der GAGFAH die Vonovia (ehemals Deutsche Annington Immobilien Gruppe) und im Juli 2017 wurde die GAGFAH in die Vonovia integriert.[10]

Zwölf Jahre nach dem Verkauf lässt sich feststellen, dass die Kritiker*innen Recht behielten. Die Renditeinteressen des Investors und die wohnungs-, stadtentwicklungs- und sozialpolitischen Interessen der Kommune ließen sich nicht miteinander vereinbaren. In den Jahren nach dem Verkauf hat sich gezeigt, dass ein Finanzinvestor in Bezug auf Stadtentwicklung und Stadtumbau andere Ziele verfolgt als die Kommune, falls sich im Falle des Investors Fortress überhaupt von solchen Zielen sprechen lässt. Mietsteigerungen setzte der neue Eigentümer innerhalb der ersten Jahre bereits um. Ferner schlugen in den folgenden Jahren für die Stadt die Kosten für Belegungsrechte stärker als zuvor zu Buche. 2007 gab es in Dresden 34.541 ALG II-(»Hartz IV«-)Bedarfsgemeinschaften, zehn Jahre später sind es 46.711.

Da die Kommunen die Kosten der Unterkunft (KdU) tragen, kamen auch hier nicht unerhebliche jährliche Kosten auf die Kommune zu. Und trotz der beim Verkauf vereinbarten »Sozialcharta« kam es zum Abbau von Personal. Der neue Eigentümer führte die Verwaltung seiner Wohnimmobilien aus verschiedenen Städten zusammen und verlegte damit auch zahlreiche Arbeitsstellen aus Dresden weg.

Heute hat sich die Situation in der Stadt deutlich verändert: Die Stadt erlebt starken Zuzug und die Mieten steigen seit Jahren. Insbesondere einkommensschwache Menschen haben heute Probleme, günstigen Wohnraum zu finden. Die Erkenntnis,

---

[10] Pressemitteilung Vonovia, Juli 2017; investoren.vonovia.de/websites/vonovia/German/1500/gagfah.html.

dass der Stadt heute ein »Werkzeug« wie die WOBA fehlt, mit dem man auch das Mietniveau auf dem Wohnungsmarkt mit beeinflussen kann, ist mittlerweile auch bei einem Großteil der politischen Entscheidungsträger quer durch alle Parteien gereift. Gut elf Jahre nach dem Deal wurde im Herbst 2017 eine neue kommunale Dresdner Wohnungsbaugesellschaft gegründet. Demnach ist deren »vorrangiges Unternehmensziel, in den nächsten drei Jahren 800 belegungsgebundene Wohnungen zu schaffen«.[11]

Das klingt nicht verkehrt. Allerdings sind 800 belegungsgebundene Wohnungen innerhalb von drei Jahren, verglichen mit dem Bestand der vormals über 47.000 städtischen WOBA Wohnungen, natürlich weniger als ein Tropfen auf den heißen Stein. Deshalb war der Dresdner Ausverkauf von 2006 ein lehrreiches Negativbeispiel. An diesem Beispiel lässt sich praktisch nachverfolgen, dass Privatisierung langfristig zwangsweise zu negativen und kostenintensiven Folgen für die Stadtentwicklung führt.

## Münsters »Handlungskonzept Wohnen«

Münster in Westfalen spürt spätestens seit 2012 eine steigende Wohnungsknappheit, nicht nur weil seit 2009 die Bevölkerung wieder wächst, sondern auch weil die durchschnittliche Haushaltsgröße abnimmt. Insbesondere hat in den vergangenen Jahren die Zahl der Arbeitsplätze in der Stadt zugenommen. Dies führt bei stagnierendem Wohnungsangebot zu einer höheren Zahl von Pendler*innen – sprich, je weniger im Wohnungsbau geschieht, desto höher die Anforderungen an die Verkehrsinfrastruktur und die ökologischen Belastungen. Mehr Einwohner*innen stärken aber auch die lokale Wirtschaft und die städtischen Steuereinnahmen. Die Stadt Münster hat daher im Juli 2014 ein »Handlungskonzept Wohnen« (Amt für Stadtentwicklung, Stadtplanung, Verkehrsplanung Münster) vorgelegt, das etwas umfassender ist als viele andere kommunale

---

[11]  Pressemitteilung der Stadt Dresden vom 19.9.2017; www.dresden.de/de/rathaus/aktuelles/pressemitteilungen/archiv/2017/09/pm_078.php.

Wohnungsprogramme. Der entscheidende Ratsbeschluss, der die Umsetzungsphase einleitete, fiel im Dezember 2013.

*Ziele*
Das Handlungskonzept benennt folgende Ziele:

- Mindestens 1.500 neue Wohnungen im Jahr. Dies reicht absehbar nicht ganz aus, wird jedoch bereits als »große Herausforderung« gesehen.
- Vorrang der Innenentwicklung, nicht nur weil sich die Wohnungsnachfrage auf die innerstädtischen Gebiete konzentriert, sondern auch aus ökologischen Erwägungen.
- Zusätzliche Angebote für einkommensschwache Haushalte. Konkret heißt das, dass jährlich mindestens 300 geförderte neue Mietwohnungen entstehen sollen und preiswerter Wohnraum im Altbaubestand gesichert werden soll.
- Verbesserung der Wohnsituation für Familien, Menschen mit Mobilitätseinschränkungen und Studierende.
- Sozial gemischte Quartiere, die auch durch eine Vielfalt möglicher Wohnformen erreicht werden sollen.

*Sozialgerechte Bodennutzung*
Das Handlungskonzept ist modular aufgebaut, weil es von unterschiedlichen Bereichen der Verwaltung umgesetzt wird, aber auch, weil seine Teile in unterschiedlichen Stadien der Umsetzungsreife sind. Ein wichtiges Charakteristikum ist, dass die Bereitstellung von Bauland – ein zentrales Element wie in anderen Kommunen auch – nicht als reines Mengenproblem behandelt wird. Zentraler Baustein ist vielmehr das »Münsteraner Modell der sozialgerechten Bodennutzung«, weil – so der Stadtdirektor im Vorwort des Konzepts – »Baulandentwicklung allein … noch keinen ausgeglichenen Wohnungsmarkt mit attraktiven Wohnungsangeboten für alle« schafft. Dabei erwirbt zum einen die Stadt selbst verstärkt Flächen, sowohl für langfristige Zwecke (Bodenvorratspolitik) als auch kurzfristig unmittelbar vor Einleitung eines Bauleitplanverfahrens. Zum anderen bindet sie aber Private in ihre Strategie ein. Für Flächen, die unter den § 35 BauGb fallen, das sind überwiegend Flächen im Außenbe-

reich, stellt die Stadt nur dann einen Bebauungsplan auf, wenn sie die Hälfte dieser Fläche besitzt oder erwerben kann. Mit anderen Worten, wer solche Flächen bebauen will, muss den entsprechenden Anteil an die Stadt verkaufen, um den Rest selbst nutzen oder vermarkten zu können. Auf ihrem Anteil errichtet die Stadt – bei Mehrfamilienhäusern – zu 60% geförderten Mietwohnraum, oder vergibt – bei Einfamilienhäusern – die Grundstücke ausschließlich nach den Richtlinien für die Vergabe städtischer Einfamilienhausgrundstücke. Diese berücksichtigen vor allem soziale Kriterien wie Einkommen (70% der Grundstücke sind für Menschen reserviert, die max. 30% über den Einkommensgrenzen des geförderten Wohnungsbaus liegen) und Kinderzahl, aber z.B. auch ehrenamtliches Engagement oder die Tatsache, dass durch den Umzug eine Sozialwohnung frei wird.

Wenn im Innenbereich eine Änderung von Baurecht erforderlich ist, um Neubau zu ermöglichen, stellt die Stadt ebenfalls Bedingungen: Eigentümer bzw. Investoren müssen bei Mehrfamilienhäusern zu 30% geförderten und zu weiteren 30% förderfähigen Wohnraum errichten. Letzterer hält jedenfalls Standards ein wie beispielsweise Barrierefreiheit oder die Begrenzung der Wohnflächen. In Einfamilienhausgebieten muss die/der Eigentümer*in/Investor*in sich verpflichten, mindestens 30% des Nettobaulandes nach Maßgabe der städtischen Vergaberichtlinien zu veräußern.

Beim Verkauf städtischer Flächen für den Bau von Mehrfamilienhäusern ist nicht mehr das Höchstgebot ausschlaggebend, sondern auch das vorgelegte Konzept.

*Weitere Bestandteile*
Weitere Komponenten dieses Münsteraner Modells sind:
- ein Baulandprogramm zur Entwicklung neuer Wohngebiete;
- eine Zielvereinbarung mit dem Land, um ausreichende Mittel für jährlich mindestens 300 geförderte Wohnungen bereitstellen zu können;
- Mietpreis- und Belegungsbindungen;
- Barrierefreiheit in Neubau und Bestand;
- Mobilisierung von Standorten im Siedlungsbestand;

- Öffentlichkeitsarbeit;
- ein Wohnungsmarktmonitoring zum Beobachten und Steuern der Entwicklung, das jedoch erst konzipiert werden muss;
- Kooperation im lokalen »Bündnis für Wohnen«.

*Drei Phasen*
Das Handlungskonzept Wohnen entstand in drei Phasen: Auf eine Analyse des lokalen Wohnungsmarktes folgte eine ausführliche Diskussion der Ziele und Handlungsoptionen. Diese Schritte wurden durch ein Beratungsunternehmen begleitet, während die Umsetzungsphase Aufgabe von Rat und Verwaltung ist. Begleitet wird das Konzept vom seit 2004 existierenden Arbeitskreis »Wohnen in Münster«, in dem Akteure aus Wohnungswirtschaft, Immobilien- und Finanzwirtschaft, Interessenverbänden, Politik und Verwaltung zusammenarbeiten.

## Das Mannheimer 12-Punkte-Programm

Auch andere Kommunen haben mit einem Paket von Maßnahmen auf die zunehmende Wohnungsnot reagiert. Ein Beispiel hierfür ist das 12-Punkte-Programm der Stadt Mannheim, das besonders auf die Aktivierung noch ungenutzter, aber für Wohnungsbau geeigneter Flächen setzt, ob sie nun der Stadt oder Privaten gehören.

Unter anderem verkauft die Stadt eigene Grundstücke verbilligt unter der Voraussetzung, dass die Erwerber*innen sie für die Erstellung preiswerten Wohnraums nutzen. Die Stadt erarbeitet dazu eine sogenannte Verbilligungsrichtlinie. Vorbild war Lübeck, wo schon seit Juni 2016 eine entsprechende Richtlinie in Kraft ist.

Ein weiteres Element des Mannheimer Programms ist die »Sozialquote«: Wenn die Stadt eigene Grundstücke verkauft oder für private Grundstücke Baurecht schafft, das Wohnungsneubau ab zehn Wohnungen ermöglicht, wird über einen städtebaulichen Vertrag festgelegt, dass mindestens ein Viertel der neu gebauten Wohnungen im preisgünstigen Segment entstehen muss. Diese Quote findet sich ähnlich auch in Münster, aber auch in anderen Städten wie Stuttgart, Freiburg,

Karlsruhe, Hamburg, München und Frankfurt am Main gibt es inzwischen eine Sozialquote.

## Barcelona

Vor der Finanzkrise 2008 erlebte Spanien und auch Barcelona einen riesigen Immobilienboom. Nach der Hypothekenkrise mussten viele Haus- und Wohnungseigentümer*innen ihre selbst genutzten Immobilien verlassen und wohnen nun zur Miete. Barcelona verzeichnete 2016 einen Mietanstieg um 16%.[12] Menschen, die vorher bereits aus ihren Eigentumswohnungen zwangsgeräumt wurden, sehen sich nun damit konfrontiert, auch aus ihrer Mietwohnung geworfen zu werden. Obwohl inzwischen ehemalige Aktivist*innen der Bewegung gegen Zwangsräumungen (PAH) Teil der linken Stadtregierung sind, konnte das Wohnungsproblem bisher nicht gelöst werden. Die linke Wahlliste Barcelona en Comú (BeC) ist seit Mai 2015 die stärkste Kraft im Rathaus von Barcelona und regiert in einer Minderheitsregierung die Metropole am Mittelmeer. Mit dem Ausbruch der Krise 2008 wurde das Thema bezahlbarer Wohnraum und nicht mehr bedienbare Hypotheken privater Wohnungsbesitzer*innen eines der drängendsten sozialen Probleme in Spanien. Die PAH entwickelte sich in der Folge zur schlagkräftigsten sozialen Bewegung des Landes.

Nach drei Jahren linksalternativer Regierung kann allenfalls eine vorsichtig positive Bilanz gezogen werden. Immerhin hat in Barcelonas Stadtpolitik ein Paradigmenwechsel stattgefunden. Nachdem über Jahrzehnte keine nennenswerte kommunale Wohnungspolitik betrieben worden war, ist mittlerweile allgemein akzeptiert, dass der Staat Verantwortung dafür trägt, alle Bürger*innen mit bezahlbarem Wohnraum zu versorgen. Und für von Zwangsräumung Betroffene gibt es immerhin eine Vermittlungsstelle, die 2016 über 2.000 Menschen unterstützt hat. Allerdings wurde 2017 in Barcelona im Schnitt 34-mal täglich

---

[12] www.deutschlandfunk.de/wohnungsmarkt-in-spanien-kampf-gegen-steigende-mietpreise.795.de.html?dram:article_id=386303. Angesehen am 21.5.2018.

zwangsgeräumt. Dass die Lage so angespannt ist, liegt nicht zuletzt an den zahlreichen Tourist*innen. Mehr als sieben Mio. Menschen besuchen die größte Stadt Kataloniens jährlich. Vermietungsplattformen wie Airbnb tragen dazu bei, dass Wohnraum bereits seit Jahren ein knappes und teures Gut ist. Die Stadt ist außerdem zu einem attraktiven Ziel für Investitionen im Immobiliensektor geworden. Das heizt den Wohnungsmarkt weiter an.

Um die Situation auf dem Mietwohnungsmarkt in Barcelona mittel- bis langfristig zu entspannen, arbeitet die linke Stadtregierung aktuell an einem Ausbau des Sektors der staatlich geförderten Sozialwohnungen.[13]

## Wien

International gilt die Wohnungspolitik der Stadt Wien als Sonderfall. Dies ist vor allem dem hohen Anteil an sozialem Wohnungsbau geschuldet. 220.000 Wohnungen befinden sich im kommunalen Eigentum und 200.000 gehören gemeinnützigen Wohnungsgesellschaften. Damit unterliegen rund 60% der Mietwohnungen einer Sozialbindung. Wien verfügt damit über ein bedeutendes Potenzial, um Stadtentwicklung im Sinne einer sozialen Wohnungspolitik zu betreiben. Und wenn rund 60% der Haushalte im sozialen Wohnungsbau leben, ist dieser auch ein Stück weit weniger stigmatisierbar als dort, wo nur die Ärmsten der Armen in solchen Wohneinheiten unterkommen. Allerdings ist auch in Wien in den letzten Jahren ein zunehmender Druck auf den öffentlichen Wohnungsbau zu verzeichnen.

Der Wohnungsbau in Österreich insgesamt ist dadurch gekennzeichnet, dass es nach wie vor einen weitgehenden Konsens pro gemeinnützigem Wohnungsbau gibt, ein ausgeprägter Mieter*innenschutz vorhanden ist und die Objekt- die Subjektförderung überwiegt. Die hohen Bestände an kommunalen Wohnungen gehen auf die Politik des »Roten Wien« in den 1920er Jahren zurück und stellen auch heute noch sehr kostengünstige Mietwohnungen zur Verfügung. Zwei Drittel der neu gebauten

---

[13]  www.akweb.de/ak_s/ak631/31.htm. Angesehen am 21.5.2018.

Wohnungen in Wien sind öffentlich gefördert, und das für den kommunalen Wohnungsbau zuständige Unternehmen bezeichnet sich selbst als die größte Hausverwaltung Europas. Die Stadt versucht seit den 1970er Jahren eine »sanfte« Stadterneuerung zu betreiben, die einerseits die Bestände saniert und modernisiert, aber andererseits die Folgekosten für die Bestandsmieter*innen moderat hält und Wegzug in Folge von Modernisierungen zu vermeiden versucht.

Trotz dieser gegenüber vergleichbaren Städten positiven Bilanz steht auch das Wiener Modell des sozialen Wohnungsbaus unter Druck. Dies hängt vor allem damit zusammen, dass die Stadt immer weiter wächst und der Anteil der Armen zunimmt. Wien versucht wohnungspolitisch darauf zu reagieren, indem innerstädtisch verdichtet und der Bestand aufgewertet wird und Brach- sowie ehemalige Industrieflächen für Wohnungsbau genutzt werden. Daneben werden im Rahmen des Projektes »Gemeindewohnungen neu« durch eine gemeinnützige Wohnungsbaugesellschaft im Eigentum der Stadt Wohnungen mit kleinen Grundrissen für junge Erwachsene und einkommensschwache Familien errichtet. Zudem werden für neu zugewanderte und einkommensschwache Personen temporäre Wohneinheiten in System- und Leichtbauweise bereitgestellt (Reinprecht 2017: 213ff.).

# 5. Fazit

## Was kann aktuell auf den Ebenen der Bundes-, Landes- und Kommunalpolitik gemacht werden?

Fehlende Wohnungen, steigende Mieten: Die Wohnungspolitik ist wieder auf der politischen Agenda. Und dies sowohl auf Bundesebene als auch in den Ländern und Kommunen. Denn auf allen Ebenen besteht Handlungsbedarf. Wie gezeigt wurde, sind die Probleme auf dem Wohnungsmarkt die Folge politischer Entscheidungen vor allem in den 1980er und 1990er Jahren bei der Finanzialisierung des Immobilienmarktes. Entsprechend müssen nun politische Maßnahmen ergriffen werden, um die Entwicklung wieder umzudrehen. Im Folgenden wollen wir nicht darauf eingehen, was im Bereich Regulierung der Finanzmärkte und der Abschöpfungen von Finanzanlagen suchender Vermögen notwendig wäre, sondern uns auf den engeren Bereich der Wohnungspolitik des Bundes, der Länder und der Kommunen beschränken.

Die größte Baustelle auf Bundesebene im Bereich der Wohnungspolitik ist die anstehende Reform der Grundsteuer. Nach der Entscheidung des Bundesverfassungsgerichts vom April 2018 muss die Grundsteuer auf eine neue Berechnungsgrundlage gestellt werden, damit diese für die Kommunen so wichtige Einnahmequelle weiter bestehen bleiben kann. Bisher liegen der Steuerberechnung völlig veraltete Vermögenswerte für Grundstücke und Immobilien zugrunde. Der Bund sollte die Reform der Grundsteuer dafür nutzen, diese vollständig umzugestalten und aus ihr eine Bodenwertsteuer zu machen. Nach diesem Modell würden Grundstücke nach ihrem Verkehrswert bewertet und auf dieser Basis die Steuer berechnet.

Damit würde die Steuer gerechter und zudem würden Kommunen an Wertsteigerungen von Grundstücken, beispielsweise aufgrund von Wohnumfeldverbesserungen, beteiligt werden. Eine Bodenwertsteuer hätte auch den Vorteil, dass sie den Anreiz senkt, unbebauten Boden für Spekulationszwecke zu nutzen.

Eine sehr viel weitergehende Reform des Bodenrechts hat der Jurist und SPD-Politiker Hans-Joachim Vogel bereits Anfang der 1970er Jahre vorgeschlagen. Um vor allem in den Großstädten der Wohnungsnot und der Bodenspekulation Herr zu werden, schlug er vor, das Bodenrecht so zu verändern, dass Grund und Boden grundsätzlich bei der öffentlichen Hand verbleiben und den Bauherr*innen nur für einen begrenzten Zeitraum (30 bis 90 Jahre) zur Nutzung überlassen wird. Damit hätte die öffentliche Hand deutlich mehr Gestaltungsspielraum und könnte die Bodennutzung besser den gesellschaftlichen Notwendigkeiten anpassen. Um eine solche grundlegende Reform durchzusetzen, wäre eine sehr weitgehende Änderung der vorherrschenden Meinung zur Rolle des Privateigentums in der Gesellschaft notwendig. Auch wenn es im Moment nicht danach aussieht, dass dies auf mittlere Sicht möglich wäre, lohnt es sich, die Debatte darüber zu führen, um langfristig eine Veränderung herbeizuführen.

Eine weitere erfolgversprechende Maßnahme auf Bundesebene wäre die Wiedereinführung der Wohnungsgemeinnützigkeit (siehe Abschnitt zur Neuen Wohnungsgemeinnützigkeit in Kapitel 3). Die Folgen ihrer Abschaffung ab den 1990er Jahren wurden bereits beschrieben. Ihre Wiedereinführung würde zu einer steuerlichen Entlastung kommunaler oder genossenschaftlicher Bauträger, die gemeinwohlorientiert Wohnraum schaffen, führen und den Bau von Wohnungen für Menschen mit geringem Einkommen fördern. Zwar würden dadurch Steuereinnahmen entfallen, aber durch die entstehenden günstigen Wohnungen für Menschen mit geringem Einkommen würde gleichzeitig der Bedarf an staatlichen Aufwendungen für Wohngeld sinken. Ein weiteres Feld, auf dem der Bund in der Wohnungspolitik tätig werden kann, ist die direkte Förderung von Wohnungsbauprojekten oder Wohnumfeldverbesserungen mit Bundesmitteln. Es ist in Bezug auf die sozialpolitische Wirkung sehr viel effizienter, in die Objektförderung zu investieren, also den Bau preisgedämpfter Wohnungen zu finanzieren, als die Wohneigentumsbildung in privater Hand zu fördern oder Mietzuschüsse zu zahlen.

Mit der Bundesanstalt für Immobilienaufgaben (BImA) hat der Bund eine eigene Gesellschaft zur Bewirtschaftung von Grundstücken des Bundes. Die BImA ist mit 36.000 Wohnungen einer der größten Immobilienbesitzer*innen in Deutschland und verfügt zudem über rund 470.000 Hektar Grund und Boden. Beispielsweise ist es ihre Aufgabe, nicht mehr benötigte Immobilien der Bundeswehr zu verwerten. In der Vergangenheit ging es der Gesellschaft meist darum, für die Immobilien und Grundstücke möglichst hohe Verkaufspreise zu erzielen. Genauso gut ließen sich die Grundstücke aber auch zur Förderung des sozialen Wohnungsbaus einsetzen.

Die sogenannte Mietpreisbremse ist ebenfalls in einem Bundesgesetz geregelt. Auch hier wäre eine deutliche Verbesserung der Position der Mieter*innen dringend notwendig. Die Befristung der Mietpreisbindung sollte aufgehoben werden. Auch bei umfassend modernisierten Wohnungen sollte die Mietpreisbremse gelten, um Vertreibung nach Modernisierungen zu verhindern. Mieterhöhungen in Gebieten mit angespannten Wohnungsmärkten um höchstens 15% (Kappungsgrenze) sollen nur noch innerhalb von fünf Jahren möglich sein. Bislang gilt ein Zeitraum von drei Jahren.

Neben dem Bund haben auch die Länder gewisse Spielräume, Wohnungspolitik zu gestalten. Über die Gestaltung der Bauordnung können die Bundesländer beispielsweise Einfluss auf die Wohnungspolitik nehmen. Zudem haben sie die Möglichkeit, eigene Förderprogramme aufzulegen oder die Bundesprogramme mit zusätzlichen Mitteln zu verstärken.

Durch die bereits beschriebene Tendenz zur Kommunalisierung der Wohnungspolitik liegt faktisch die größte Verantwortung in diesem Politikfeld bei den Kommunen. Wie bereits beschrieben, können Städte und Gemeinden auf vielfältige Art und Weise Wohnungspolitik gestalten. Auf der Ebene der Bauleitplanung können sie Flächen innerhalb des Stadtgebietes für Wohnen ausweisen. Sie können darüber entscheiden, ob sie eher Einfamilienhäuser zulassen oder Geschosswohnungsbau, und sie können für ein neu zu bebauendes Gebiet auch einen Mindestanteil von preisgedämpften Mietwohnungen festlegen. Dieses

Instrument nutzen die Städte bisher viel zu zaghaft und schöpfen ihren Gestaltungsspielraum zu wenig aus. Ein weiteres kommunales Instrument der Wohnungspolitik ist die Bodenpolitik. Städte und Gemeinden verfügen in der Regel über eigene Flächen, die sie für den Bau von Wohnungen einsetzen können. Zudem können sie gezielt Flächen aufkaufen, beispielsweise nicht mehr genutztes Industriegelände, um sie zu Wohngebieten zu entwickeln. Entgegen der überwiegenden Praxis der Kommunen, die eigenen Flächen für den Wohnungsbau an Investor*innen zu veräußern, wäre es weitaus sinnvoller, entweder die Flächen von der eigenen Wohnungsbaugesellschaft bebauen zu lassen oder in Erbpacht an genossenschaftliche Wohnbauunternehmen zu vergeben. Wenn Wohnflächen schon an Investor*innen gehen, sollten diese wenigstens nicht verkauft, sondern ebenfalls nur in Erbpacht vergeben werden. Damit sichern sich die Kommunen ihren Einfluss auf die langfristige Nutzung der Flächen und verhindern u.a. Bodenspekulation.

## Was sind Handlungsmöglichkeiten für zivilgesellschaftliche Akteure?

Wie im Abschnitt zu den lokalen Bündnissen für bezahlbares Wohnen und Bauen in Kapitel 3 beschrieben wurde, haben sich in den letzten Jahren in vielen Städten die unterschiedlichsten Initiativen gegründet, um wohnungs- und stadtpolitisch aktiv zu werden. Dort treffen sich von Sanierungsmaßnahmen und Stadtumbau betroffene Mieter*innen mit Aktivist*innen, die eine gerechtere und solidarische Stadtpolitik wollen. Manche engagieren sich zum ersten Mal politisch, andere sind bereits seit Jahren aktiv und arbeiten in politischen Gruppen oder Parteien. Viele wehren sich »nur« gegen eine begrenzte Maßnahme, beispielsweise die Luxussanierung ihres Stadtteils, andere streiten für eine insgesamt sozialere Wohnungspolitik, und wieder andere sehen in der Wohnungspolitik einen entscheidenden Hebel, um die Gesellschaft im Allgemeinen gerechter und lebenswerter zu gestalten. Alle diese Beweggründe haben ihre Berechtigung. Wirkungsmächtig kann eine Bewegung für das Menschenrecht auf gutes Wohnen dann werden, wenn die verschiedenen Interessen zusammenkommen und gemeinsam Einfluss ausüben. Dafür stehen den Initiativen abhängig von der lokalen Situation unterschiedlichste Instrumente zur Verfügung. Sie reichen von der Aufklärungsarbeit mittels Infoständen, Ausstellungen oder Informationsveranstaltungen über die Vernetzungsarbeit mit Straßen- und Stadtteilfesten bis zu Demonstrationen und Aktionen des zivilen Ungehorsams wie Platz- und Hausbesetzungen. Auch die rechtliche Unterstützung von von Mieterhöhung oder Vertreibung betroffenen Mieter*innen zählt zum möglichen Spektrum der Aktivitäten, oder auch der Besuch von Sitzungen kommunaler Gremien.

Die verschiedenen Aktivitäten haben in ihrer Gesamtheit drei Zielrichtungen. Erstens organisieren sich dabei die Betroffenen und Aktivist*innen, um sich auszutauschen, sich gegenseitig zu unterstützen und gemeinsam ihre Interessen besser zu vertreten. Zweitens geht es darum, potenzielle Bündnispartner*innen zu finden, seien es Einzelpersonen oder Gruppen und Initiativen, die bereits am selben oder an einem verwandten Thema arbeiten. Drittens soll Druck auf die Entscheidungsträger*innen ausgeübt werden. In erster Linie sind dies die Kommunalpolitik und die Kommunalverwaltung. Diese soll bestimmte Maßnahmen unterlassen, beispielsweise den Verkauf eines lukrativen Grundstücks an einen Investor, der darauf eine Einkaufsmall errichten will, oder andere veranlassen, beispielsweise den Schutz eines Viertels vor Gentrifizierung durch den Erlass einer Erhaltungssatzung.

Nicht jede Initiative muss alle Handlungsfelder bespielen. Manchmal stellt sich Erfolg gerade dann ein, wenn einige Aktivist*innen über Infostände im Stadtteil und Eingaben im Stadtrat Öffentlichkeit für ein Thema schaffen, auf die sich dann ein Bündnis für eine Demonstration stützt. Eine parallel dazu laufende Hausbesetzung kann den Handlungsdruck für die Kommunalpolitik entscheidend erhöhen.

## Wie und wo kann ich mit der Attac-Regionalgruppe zum Thema Wohnen aktiv werden?

Wohnungspolitik ist nicht das Kernthema der Attac-Arbeit. Allerdings hat das Thema sehr viele Berührungspunkte zu Attac-Themen. Das beginnt damit, dass eine wesentliche Ursache für die Misere auf dem Wohnungsmarkt die im Zuge der neoliberalen Politik in Deutschland durchgesetzte Aufhebung der Wohnungsgemeinnützigkeit und die Privatisierung öffentlicher Wohnungen ist. Hinzu kommt, dass die Finanzialisierung des Immobilienmarktes, die selbst eine Folge der überschießenden und nach Anlagemöglichkeiten suchenden Vermögen ist, das Problem weiter verschärft hat. Damit sind bereits drei Stichworte genannt: Neoliberalismus, Privatisierung, finanzmarktgetriebener Kapitalismus. Es gibt also genügend Gründe für Attac-Gruppen, sich mit wohnungs- und stadtpolitischen Themen zu beschäftigen.

Für den Einstieg in das Thema ist es sinnvoll, sich erst einmal einen Überblick über die Situation vor Ort zu verschaffen. Existiert bereits ein Bündnis zur Wohnungspolitik oder gibt es zumindest Gruppen, die dazu aktiv sind? Das lässt sich sicher leicht über eine Internetrecherche klären. Welche Rolle spielt das Thema Wohnen in den kommunalen Gremien (Gemeinderat, Ausschuss für Stadtentwicklung)? Dazu kann mensch sich entweder die zumeist öffentlich zugänglichen Sitzungsunterlagen ansehen oder einfach einmal den zuständigen Ausschuss besuchen. Wird von der Presse in größerem Umfang über das Thema berichtet? Auch dies ist leicht mit einer Recherche im Internet zu klären. Wie positionieren sich die Parteien vor Ort? Dazu kann mensch sich die Positionen der lokalen Parteien ansehen. Ergiebiger sind in der Regel die Internetseiten der Fraktionen im Stadtrat, die oft ihre Positionen oder die Anträge, die sie in den kommunalen Gremien stellen, zugänglich machen. Lassen sich besondere Fragestellungen zum Thema Wohnen und/oder Stadtplanung identifizieren, die die Stadtgesellschaft polarisieren? Davon kann immer dann ausgegangen werden, wenn ein Thema nicht nur bei einer Partei auftaucht, sondern bei verschiedenen, und wenn im nennenswerten Umfang in der Lokalpresse darüber berichtet wird.

Das wären die ersten Fragen, mit denen mensch sich beschäftigen sollte, um ins Thema einzusteigen. Existiert bereits ein Bündnis, das sich mit wohnungs- und stadtpolitischen Themen beschäftigt, dann ist es sinnvoll, sich mit den für Attac spezifischen Zugängen in dieses einzubringen. Gibt es vor Ort noch keine erkennbaren Aktivitäten, kann von einer öffentlichen Veranstaltung, die an der als besonders polarisierend identifizierten Fragestellung ansetzt und diese aus einer für Attac spezifischen Sicht angeht, ein Impuls ausgehen. Gibt es beispielsweise einen Konflikt über die Bebauung eines besonders lukrativen Grundstücks durch einen Investor, könnte das als Anlass genommen werden, eine Veranstaltung zu organisieren, die den Zusammenhang zwischen diesem lokalen Konflikt und der global zu beobachtenden Finanzialisierung des Immobilienbereichs herstellt.

Am Beispiel des Thema Wohnens kann in vielfältiger Weise und sehr anschaulich dargestellt werden, wie globale Entwicklungen unser alltägliches Leben beeinflussen und welche gesellschaftlichen Strukturen dahinter stehen. Und es kann auch gezeigt werden, dass diese Strukturen das Ergebnis menschlichen Handelns und damit auch veränderbar sind.

# Literatur

Amt für Stadtentwicklung, Stadtplanung, Verkehrsplanung Münster: Handlungskonzept Wohnen, Juli 2014; www.stadt-muenster.de/stadtplanung/handlungskonzept-wohnen.html. Angesehen am 18.7.2018.

BAG W (Bundesarbeitsgemeinschaft Wohnungslosenhilfe e.V.) (2017): www.bagw.de/de/themen/zahl_der_wohnungslosen/index.html. Angesehen am 26.6.2018.

Balmer, Ivo/Bernet, Tobias (2017): Selbstverwaltet bezahlbar wohnen? Potentiale und Herausforderungen genossenschaftlicher Wohnprojekte, in: Schönig, Barbara/Kadi, Justin/Schipper, Sebastian (Hrsg.): Wohnraum für alle?! – Perspektiven auf Planung, Politik und Architektur, Bielefeld.

BBSR (Bundesinstitut für Bau-, Stadt- und Raumforschung) (2017a): Börsennotierte Wohnungsunternehmen als neue Akteure auf dem Wohnungsmarkt – Börsengänge und ihre Auswirkungen, BBSR-Online-Publikation Nr. 01; www.bbsr.bund.de/BBSR/DE/Veroeffentlichungen/BBSROnline/2017/bbsr-online-01-2017-dl.pdf?__blob=publicationFile&v=5.

BBSR (2017b): Lücken in der Leerstandsforschung - Wie Leerstände besser erhoben werden können, BBSR-Berichte KOMPAKT 02/2017, Workshop am 7. Februar 2017 in Berlin, Bonn; www.bbsr.bund.de/BBSR/DE/Veroeffentlichungen/Berichte-Kompakt/2013-2017/bk-02-2017-dl.pdf?__blob=publication-File&v=2.

BBSR (2018): Der Markt für Wohn- und Wirtschaftsimmobilien in Deutschland; www.bbsr.bund.de/BBSR/DE/Veroeffentlichungen/BBSROnline/2018/bbsr-online-05-2018-dl.pdf?__blob=publicationFile&v=3.

Brede, Helmut/Kohaupt, Bernhard/Kujath, Hans-Joachim (1975): Ökonomische und politische Determinanten der Wohnungsversorgung, Frankfurt a.M.

Bündnis 90/Die Grünen (2017): Zukunft wird aus Mut gemacht. Bundestagswahlprogramm 2017; www.gruene.de/fileadmin/user_upload/Dokumente/BUENDNIS_90_DIE_GRUENEN_Bundestagswahlprogramm_2017_barrierefrei.pdf.

CDU/CSU (2017): Für ein Deutschland, in dem wir gut und gerne leben. Regierungsprogramm 2017-2021; www.cdu.de/

system/tdf/media/dokumente/170703regierungsprogramm 2017.pdf?file=1.

Claßen, Gudrun (2018): Kommunale Wohnungsbestände in Deutschland, BBSR Analysen 06; www.bbsr.bund.de/BBSR/DE/Veroeffentlichungen/AnalysenKompakt/2018/ak-06-2018-dl.pdf. Angesehen am 27.4.2018.

Deutscher Mieterbund (2017): Wohnungspolitische und mietrechtliche Bilanz der Arbeit der Bundesregierung, Pressemitteilung vom 6.6.

Deutscher Städtetag (2017): Gemeindefinanzbericht 2017; www.staedtetag.de/publikationen/gfb/index.html.

DIE LINKE (2017): Sozial. Gerecht. Frieden. Für alle. Die Zukunft, für die wir kämpfen. Langfassung des Wahlprogramms zur Bundestagswahl 2017; www.die-linke.de/fileadmin/download/wahlen2017/wahlprogramm2017/die_linke_wahlprogramm_2017.pdf.

Difu (Deutsches Institut für Urbanistik) (2016): Difu-Berichte 1/2016 – Plädoyer für eine aktive Bodenpolitik der Kommunen; difu.de/publikationen/2016/difu-berichte-1-2016.html. Angesehen am 27.4.2018.

Difu/vhw-Bundesverband (2017): Bodenpolitische Agenda 2020-2030, Berlin. Download als Lang- und Kurzfassung (Eckpunktepapier) unter: difu.de/11558. Angesehen am 27.4.2018.

DStGB (Deutscher Städte- und Gemeindebund) (2018): DStGB Dokumentation N° 147: Bezahlbaren Wohnraum schaffen. Kommunale Instrumente der Baulandmobilisierung; dstgb.de/dstgb/Homepage/Publikationen/Dokumentationen/Nr.%20147%20-%20Bezahlbaren%20Wohnraum%20schaffen/Doku147_Bauland_0318.pdf.

Egner, Björn (2014): Wohnungspolitik seit 1945, S. 17f., in: Bundeszentrale für politische Bildung (Hrsg.): Aus Politik und Zeitgeschichte, S. 20-21.

Ernst & Young (2017): Kommunen in der Finanzkrise: Status quo und Handlungsoptionen, EY Kommunenstudie 2017, S. 11: www.ey.com/Publication/vwLUAssets/ey-kommunen-in-der-finanzkrise-status-quo-und-handlungsoptionen/$FILE/ey-kommunen-in-der-finanzkrise-status-quo-und-handlungsoptionen.pdf.

Fuhrhop, Daniel (2018): Einfach anders wohnen, München.

Häußermann, Hartmut/Siebel, Walter (1981): Unpolitische Wohnungspolitik?, in: Leviathan 3-4, S. 327.

Heeg, Susanne (2013): Wohnungen als Finanzanlage. Auswirkungen und Folgen von Responsibilisierung und Finanzialisierung im Bereich des Wohnens, in: sub\urban. Zeitschrift für kritische Stadtforschung 1 (1), S. 75-99.

Heeg, Susanne (2017): Finanzialisierung und Responsibilisierung – Zur Vermarktlichung der Stadtentwicklung, in: Schönig, Barbara/Kadi, Justin/Schipper, Sebastian (Hrsg): Wohnraum für Alle?! Perspektiven auf Planung, Politik und Architektur, Bielefeld, S. 47-59.

Holm, Andrej/Horlitz, Sabine/Jensen, Inga (2015): Neue Gemeinnützigkeit. Gemeinwohlorientierung in der Wohnungsversorgung. Arbeitsstudie im Auftrag der Fraktion DIE LINKE. im Deutschen Bundestag.

Holm, Andrej/Horlitz, Sabine/Jensen, Inga (2017): Neue Wohnungsgemeinnützigkeit. Erwartungen, Modelle und erwartete Effekte. Arbeitsstudie im Auftrag der Rosa-Luxemburg-Stiftung.

KfW Bankengruppe (2018): KfW-Kommunalpanel 2018; www.kfw.de/PDF/Download-Center/Konzernthemen/Research/PDF-Dokumente-KfW-Kommunalpanel/KfW-Kommunalpanel-2018.pdf.

Klebsch, O. (1997): Leerstand von Wohnungen, in: Mändle, E./Galonska, J. (Hrsg.): Wohnungs- und Immobilien-Lexikon.

Kleefisch-Jobst, Ursula/Köddermann, Peter/Jung, Karen (Hrsg.) (2017): Alle wollen Wohnen – gerecht, sozial, bezahlbar, Berlin.

Knuf, Thorsten (2017): Die Politik bekommt steigende Mieten nicht in den Griff, in: Berliner Zeitung vom 7.6.

Kraft, Sabine (2017): Blick zurück nach vorn – Einige Überlegungen zur Frage der Wiederbelebung des sozialen Wohnungsbaus, in: Kleefisch-Jobst, Ursula/Köddermann, Peter/Jung, Karen (Hrsg.): Alle wollen Wohnen – gerecht, sozial, bezahlbar, Berlin.

Krätke, Stefan (1983): Probleme und neue Wege der Förderung und Organisation des Wohnungsbaus, in: Habermann-Nieße, Klaus (u.a.): Alternativen in der Wohnungspolitik, Bielefeld.

Krippner, Greta R. (2005): The financialization of the American economy, Socio-Economic Review, Volume 3, Issue 2, 1.5., S. 173-208.

Kuhnert, Jan/Olof, Leps (2017): Wege zu langfristig preiswertem und zukunftsgerechtem Wohnraum, Wiesbaden.

Lebuhn, Henrik/Holm, Andrej/Junker, Stephan/Neitzel, Kevin (2017): Wohnverhältnisse in Deutschland – eine Analyse der sozialen Lage in 77 Großstädten (pdf). Bericht aus dem Forschungsprojekt »Sozialer Wohnversorgungsbedarf« im Auftrag der Hans-Böckler-Stiftung, September.

Lompscher, Katrin (2017): Vom Mietenvolksentscheid zum Wohnraumversorgungsgesetz – Antworten auf die Wohnungsfrage in Berlin?, in: Schönig, Barbara/Kadi, Justin/Schipper, Sebastian (Hrsg.): Wohnraum für alle?! – Perspektiven auf Planung, Politik und Architektur, Bielefeld.

Nagler, Mike (2007): Ursachen und Auswirkungen von Entstaatlichung öffentlicher Einrichtungen auf die Stadtentwicklung im Kontext einer gesamtgesellschaftspolitischen Entwicklung (am Beispiel der Privatisierung der WOBA Dresden), einsehbar unter: www.who-owns-the-world.org/2007/09/05/analyse-der-woba-privatisierung/.

Reinprecht, Christoph (2017): Kommunale Strategien für bezahlbaren Wohnraum, in: Schönig, Barbara/Kadi, Justin/Schipper, Sebastian (Hrsg.) (2017): Wohnraum für alle?! – Perspektiven auf Planung, Politik und Architektur, Bielefeld.

Rink, Wolff (2015): Wohnungsleerstand in Deutschland. Zur Konzeptualisierung der Leerstandsquote als Schlüsselindikator der Wohnungsmarktbeobachtung anhand der GWZ 2011, in: Raumforschung und Raumordnung.

Schönig, Barbara (2017): Sechs Thesen. Zur wieder mal »neuen« Wohnungsfrage – Plädoyer für ein interdisziplinäres Gespräch, in: Schönig, Barbara/Kadi, Justin/Schipper, Sebastian (Hrsg.): Wohnraum für alle?! – Perspektiven auf Planung, Politik und Architektur, Bielefeld.

Schönig, Barbara/Kadi, Justin/Schipper, Sebastian (Hrsg.) (2017): Wohnraum für alle?! – Perspektiven auf Planung, Politik und Architektur, Bielefeld.

Silomon-Pflug, Felix (2018): Verwaltung der unternehmerischen Stadt. Zur neoliberalen Neuordnung von Liegenschaftspolitik und -verwaltung in Berlin und Frankfurt am Main, Bielefeld.

SPD (2017): Zeit für mehr Gerechtigkeit. Unser Regierungs-programm für Deutschland; www.spd.de/fileadmin/Doku-mente/Regierungsprogramm/SPD_Regierungsprogramm_BTW_2017_A5_RZ_WEB.pdf.

Spiegel (1972): BODENRECHT: Eigentum geläutert; www.spiegel.de/spiegel/print/d-42920344.html. Angesehen am 24.4.2018.

Spiegel (2015): Stadt und Land. Mieten steigen in ganz Deutschland; www.spiegel.de/wirtschaft/service/mieten-stei-gen-in-ganz-deutschland-a-1138898.html. Angesehen am 27.4.2018.

Statista (2017): Vergleichsweise wenige Deutsche leben im Ei-genheim, 6.3; de.statista.com/infografik/8385/vergleichswei-se-wenige-deutsche-leben-im-eigenheim/. Angesehen am 8.3.2018.

Statista (2018): Immer weniger Sozialwohnungen in Deutsch-land, 10.1; de.statista.com/infografik/12473/immer-we-niger-sozialwohnungen-in-deutschland/. Angesehen am 3.5.2018.

Statistisches Bundesamt (Destatis)/Wissenschaftszentrum Ber-lin für Sozialforschung (WZB) (Hrsg.) in Zusammenarbeit mit Das Sozio-oekonomische Panel (SOEP) am Deutschen Institut für Wirtschaftsforschung (DIW Berlin) (2016): Datenreport 2016. Ein Sozialbericht für die Bundesrepublik Deutschland, Bonn.

Unger, Knut (2016): Financialization of Rental Mass Housing in Germany, in: Schönig, Barbara/Schipper, Sebastian (Hrsg.): Urban Austerity. Impacts of the Global Financial Crisis on Ci-ties in Europe, Berlin, Theater der Zeit, S. 176-190.

Verbraucherzentrale Bundesverband, Faktenblatt »Wohnraum muss bezahlbar sein«, Februar 2018; www.vzbv.de/sites/de-fault/files/downloads/2018/03/26/2018_vzbv_faktenblatt_be-zahlbares_wohnen.pdf.

Vogel, Hans-Jochen (1972): Bodenrecht und Stadtentwicklung, in: Neue Juristische Wochenschrift Heft 35, S. 1544ff.

Vogelpohl, Anne/Vollmer, Lisa/Vittu, Elodie/Brecht, Norma (2017): Die Repolitisierung des Wohnens. Städtische sozi-ale Bewegungen für ein Recht auf Wohnen und auf Stadt in Hamburg, Berlin, Jena und Leipzig, in: Schönig, Barbara/Kadi, Justin/Schipper, Sebastian (Hrsg.): Wohnraum für alle?!

– Perspektiven auf Planung, Politik und Architektur, Bielefeld.

Waltesbacher, Matthias/Schürt, Alexander (2018): Wohnungsmärkte unter Druck, in: Bundesinstitut für Bau-, Stadt- und Raumforschung: Forschung im Blick 2017/2018; www.bbsr.bund.de/BBSR/DE/Veroeffentlichungen/Sonderveroeffentlichungen/2018/forschung-im-blick-2017-18-dl.pdf?__blob=publicationFile&v=2.

**Notizen**

**Attac will**

Es ist genug für alle da – wenn gerecht verteilt wird. Die Finanzmärkte brauchen demokratische Kontrolle. Hohe Sozial- und Umweltstandards müssen globalisiert werden. So genannte Entwicklungsländer müssen aus der Schuldenfalle befreit, ihr Mitspracherecht in den internationalen Institutionen gestärkt werden. Wir brauchen gerechten Handel, Demokratie und Menschenrechte, statt Freihandel und Vorrechte für Konzerne.
**Banken entmachten, Reichtum umverteilen, Demokratie erkämpfen!**

**Attacies**

Attac hat in Deutschland inzwischen über 29.000 Mitglieder – und täglich werden es mehr. In rund 200 Gruppen, verteilt über die Republik, sind Attacies vor Ort aktiv. Weltweit mischen 100.000 Menschen in 50 Ländern bei Attac mit und sich ein – gegen die Ungerechtigkeiten der neoliberalen Globalisierung.

**Attaction**

Attac braucht Aktion – um Raum zu schaffen für Diskussion, für Bewegung und um zu lernen. Dafür brauchen wir Unterstützung. Eine Mitgliedschaft, Beteiligung an unseren Akionen, Engagement in einer Attac-Gruppe oder eine Spende – all das stärkt Attac den Rücken. Und nur eine starke Bewegung bewegt.

**Attac Bundesbüro //** Münchener Str. 48 // 60329 Frankfurt/M.
Tel. 069-900 281-10 // Fax -99 // info@attac.de // www.attac.de

**Spendenkonto:** Attac Trägerverein e.V.
Kto.-Nr. 800 100 800 //
GLS Gemeinschaftsbank
BLZ 430 609 67
IBAN: DE57 43060967 0800100800
BIC: GENODEM 1 GLS

# VSA: Grundkurs Globalisierungskritik

Isabelle Bourboulon
**Kommt der**
**Finanz-Crash 2.0?**
Zehn Jahre nach der
Lehman Pleite: Für
ein Finanzsystem im
Interesse der Vielen
AttacBasisTexte 53
80 Seiten | € 7.00
ISBN 978-3-89965-838-5
Zehn Jahre nach
der Krise sind die
Finanzmärkte wieder
brandgefährlich.
Woran liegt das? Was
sind die Alternativen?

Andreas Fisahn
**Hinter verschlos-**
**senen Türen:**
**Halbierte**
**Demokratie?**
Autoritären Staat
verhindern |
Beteiligung erweitern
AttacBasisTexte 51
128 Seiten | € 9.00
ISBN 978-3-89965-756-2
Was ist Demokratie
und warum befindet
sie sich in einer Krise?
Ist ein autoritärer
Staat in Sicht? Oder
kann mehr Demokratie
geschaffen werden?

Werner Rätz
Dagmar Paternoga
**Zukunftsmodell**
**Grundeinkommen?**
Recht auf Teilhabe,
soziale Sicherung und
ein wenig Utopie
AttacBasisTexte 50
96 Seiten | € 7.00
ISBN 978-3-89965-775-3
Unsere sozialen Siche-
rungssysteme werden
durch den Wandel der
Arbeitswelt auf eine
harte Probe gestellt.
Könnte das Grundein-
kommen das Modell
der Zukunft sein?

**VSA: Verlag**
St. Georgs Kirchhof 6
20099 Hamburg
Tel. 040/28 09 52 77-0
Fax -50 | E-Mail:
info@vsa-verlag.de

**www.vsa-verlag.de**